PANORAMA

Introducción a la lengua española

SECOND EDITION

Blanco • Donley

VISTA

HIGHER LEARNING

Boston, Massachusetts

ISBN 1-59334-524-0

1 2 3 4 5 6 7 8 9 VH 09 08 07 06 05 04

Table of Contents

contextos

1. 1. Me llamo Pepe. 2. Nada. 3. Soy de Ecuador. 4. Nos vemos. 5. Muy bien, gracias. 6. El gusto es mío. 7. Encantada. 8. De nada.

2. 1. está 2. usted 3. Muy 4. cómo 5. Le 6. gusto 7. es 8. mío 9. eres 10. Soy 11. de 12. Hasta 13. vemos 14. Adiós/Chau

3. 1. Qué 2. Hasta 3. Mucho 4. presento 5. Cómo 6. Buenos 7. gusto 8. vemos **Saludos:** ¿Qué pasa?, ¿Cómo estás?, Buenos días. **Despedidas:** Hasta luego, Nos vemos. **Presentaciones:** Mucho gusto, Te presento a Irene, El gusto es mío.

4. 1. Estados Unidos 2. Puerto Rico 3. México

5. 1. Buenos días. 2. Regular. 3. Washington 4. Muchas gracias. 5. ¿De dónde eres? 6. Chau.

estructura

1.1 Estructura

1. **Masculino:** el hombre, el pasajero, el chico, el profesor **Femenino:** la profesora, la chica, la mujer, la conductora, la pasajera

2. 1. el 2. la 3. los 4. el 5. las 6. la 7. el 8. el 9. las 10. los

3. 1. una fotografía 2. unos días 3. unos cuadernos 4. un pasajero 5. unas computadoras 6. una escuela 7. un video 8. unos programas 9. un autobús 10. unas palabras

4. 1. los turistas, unos turistas 2. la foto, una foto 3. el pasajero, un pasajero 4. las maletas, unas maletas

1.2 Estructura

1. **1 Horizontales** 1. veinticinco 5. once 8. dieciséis 11. cuatro 12. trece **Verticales** 1. veintidós 2. nueve 3. catorce 4. cero 6. veinte 7. diez 9. siete 10. ocho

2. 1. ¿Cuántos diccionarios hay? Hay tres diccionarios. 2. ¿Cuántos estudiantes hay? Hay doce estudiantes. 3. ¿Cuántos lápices hay? Hay diez lápices. 4. ¿Cuántas maletas hay? Hay siete maletas. 5. ¿Cuántas palabras hay? Hay veinticinco palabras. 6. ¿Cuántos países hay? Hay veintiún países. 7. ¿Cuántas grabadoras hay? Hay trece grabadoras. 8. ¿Cuántos pasajeros hay? Hay dieciocho pasajeros. 9. ¿Cuántas computadoras hay? Hay quince computadoras. 10. ¿Cuántas fotografías hay? Hay veintisiete fotografías.

1.3 Estructura

1. 1. usted, él 2. ustedes, ellas 3. ustedes, ellos 4. usted, ella 5. tú, él 6. usted, él 7. ustedes, ellas 8. usted, él 9. ustedes, ellos 10. usted, ella

2. 1. son estudiantes. 2. es de Puerto Rico. 3. son conductores. 4. eres turista. 5. somos del Ecuador. 6. soy profesora. 7. es de España. 8. son pasajeras.

3. 1. soy 2. son 3. son 4. somos 5. es 6. es 7. es 8. es 9. son 10. es 11. somos 12. eres 13. es 14. son

4. 1. Es el diccionario del estudiante. 2. Son los cuadernos de las chicas. 3. Es la mano de Maite. 4. Son las maletas de la turista. 5. Son las computadoras de los profesores. 6. Es el autobús del conductor. 7. Son los lápices de la joven. 8. Es la fotografía de los chicos. 9. Es la computadora de la directora. 10. Es el país de Inés.

5. 1. Lina y María son de Colombia. 2. El profesor es de México. 3. Tú y los jóvenes son de Argentina. 4. Las estudiantes son de los Estados Unidos. 5. Ellos son de/del Ecuador. 6. La mujer es de Puerto Rico. 7. Los turistas son de España. 8. Él y yo somos de Chile. 9. Nosotras somos de Cuba. 10. Usted es de Venezuela.

6. 1. ¿De quién son los lápices? 2. ¿De dónde es Inés? 3. ¿Qué es? 4. ¿Quiénes son ellas?

1.4 Estructura

1. 1. Son las cinco menos cuarto/quince. 2. Son las doce y siete. 3. Son las ocho menos dos.

4. Son las dos y cuarto/quince. 5. Son las seis y media/treinta. 6. Es la una y veinte.

2 1. Son las cuatro menos veinte de la tarde. 2. Son las seis (en punto) de la mañana. 3. Son las nueve y cuarto/quince de la noche. 4. Son las doce de la noche. 5. Es la una y diez de la tarde. 6. Son las once menos cuarto/quince de la mañana. 7. Son las cinco y cinco de la tarde. 8. Son las doce menos diez de la noche. 9. Es la una y media/treinta de la mañana. 10. Son las diez (en punto) de la noche.

síntesis

Answers will vary.

panorama

1 1. Cierto. 2. Falso. Hay más hispanos en Texas que en Illinois. 3. Cierto. 4. Cierto. 5. Falso. Alberto Manguel y Sergio Marchi son dos figuras importantes de origen argentino. 6. Falso. Hoy, uno de cada seis niños en los Estados Unidos es de origen hispano. 7. Falso. Los tacos, las enchiladas y las quesadillas son platos mexicanos. 8. Cierto. 9. Falso. Un barrio cubanoamericano importante de Miami se llama la Pequeña Habana. 10. Cierto.

2 1. presencia 2. reconocer 3. novelista 4. Sergio 5. Dominicanada, Bomba, Norteño, Rasca

3 1. California; doce 2.Texas; seis 3. Illinois; un 4. Nueva York; tres 5. Florida; dos

4 1. puertorriqueño 2. mexicano 3. cubano 4. mexicano/estadounidense 5. mexicano

3 1. La clase de biología es a las nueve menos cuarto/quince de la mañana. 2. La clase de cálculo es a las once (en punto) de la mañana. 3. El almuerzo es al mediodía/a las doce del día. 4. La clase de literatura es a las dos (en punto) de la tarde. 5. La clase de yoga es a las cuatro y cuarto/quince de la tarde. 6. El programa especial es a las diez y media/treinta de la noche.

contextos

1 1. cafetería 2. geografía 3. materias 4. laboratorio 5. ciencias 6. clase

2 **Horizontal:** física, español, economía, arte, prueba, clase, ciencias, periodismo, horario, humanidades
Vertical: sociología, examen, tarea, química, biología, inglés

3 1. El 21 de marzo es martes./Es martes. 2. El 7 de abril es viernes./Es viernes. 3. El 2 de marzo es jueves./Es jueves. 4. El 28 de marzo es martes./Es martes. 5. El 19 de abril es miércoles./Es miércoles. 6. El 12 de marzo es domingo./Es domingo. 7. El 3 de abril es lunes./Es lunes. 8. El 22 de abril es sábado./Es sábado. 9. El 31 de marzo es viernes./Es viernes. 10. El 9 de abril es domingo./Es domingo.

4 1. ciencias 2. horario 3. examen 4. arte 5. computación 6. laboratorio 7. biblioteca 8. geografía

estructura

2.1 Estructura

1 1. canto, cantas, canta, cantamos, cantan
2. preguntar, preguntas, pregunta, preguntamos, preguntan 3. contestar, contesto, contesta, contestamos, contestan 4. practicar, practico, practicas, practicamos, practican 5. desear, deseo, deseas, desea, desean 6. llevar, llevo, llevas, lleva, llevamos

2 1. viajan 2. hablamos 3. llegan 4. dibujo
5. compra 6. regresan 7. termina 8. buscas

3 1. regresamos 2. toman 3. esperan
4. conversas 5. trabaja 6. busco 7. compran
8. enseña

4 1. Una estudiante desea hablar con su profesora de biología. 2. Mateo desayuna en la cafetería de la universidad. 3. Los profesores contestan las preguntas de los estudiantes. 4. (Nosotros) Esperamos viajar a Madrid. 5. Ella habla de la economía con su compañera de cuarto. 6. (Yo) Necesito practicar los verbos en español.

5 1. Juanita y Raúl no trabajan en la biblioteca.
2. El conductor no llega al mediodía. 3. No deseo comprar tres cuadernos. 4. El estudiante no espera a la profesora. 5. No estudiamos a las seis de la mañana. 6. (Tú) No necesitas trabajar en la computadora.

6 1. Sí, estudio ciencias en la universidad./No, no estudio ciencias en la universidad. 2. Sí, converso mucho con los compañeros de clase./No, no converso mucho con los compañeros de clase. 3. Sí, espero estudiar administración de empresas./No, no espero estudiar administración de empresas. 4. Sí, necesito descansar después de los exámenes./No,

no necesito descansar después de los exámenes.
5. Sí, compro los libros en la librería./No, no compro los libros en la librería. 6. Sí, escucho música jazz./No, no escucho música jazz.

2.2 Estructura

1 1. ¿Son ustedes de Puerto Rico?/¿Son de Puerto Rico ustedes? 2. ¿Dibuja el estudiante un mapa?/¿Dibuja un mapa el estudiante?
3. ¿Llegan en autobús los turistas?/¿Llegan los turistas en autobús? 4. ¿Termina la clase a las dos de la tarde?/¿Termina a las dos de la tarde la clase? 5. ¿Trabaja Samuel en la biblioteca?/ ¿Trabaja en la biblioteca Samuel? 6. ¿Miran los chicos un programa?/¿Miran un programa los chicos? 7. ¿Enseña el profesor Miranda la clase de humanidades?/¿Enseña la clase de humanidades el profesor Miranda? 8. ¿Compra Isabel cinco libros de historia?/¿Compra cinco libros de historia Isabel? 9. ¿Preparan Mariana y Javier la tarea?/¿Preparan la tarea Mariana y Javier? 10. ¿Conversan ellas en la cafetería de la universidad?/¿Conversan en la cafetería de la universidad ellas?

2 1. ¿Adónde caminan ellos? 2. ¿De dónde es el profesor de español? 3. ¿Cuántos estudiantes hay en la clase? 4. ¿Quién es el compañero de cuarto de Jaime? 5. ¿Dónde es la clase de física? 6. ¿Qué lleva Julia? 7. ¿Cuándo termina el programa de televisión? 8. ¿Por qué estudias/estudia biología?

3 1. ¿Canta Inés en el coro de la universidad?, ¿Canta en el coro de la universidad Inés?, Inés canta en el coro de la universidad, ¿no?, Inés canta en el coro de la universidad, ¿verdad?

Workbook

2. ¿Javier busca el libro de arte?, ¿Busca el libro de arte Javier?, ¿Busca Javier el libro de arte?, Javier busca el libro de arte, ¿verdad?/¿no?
3. ¿La profesora Gutiérrez enseña contabilidad?, ¿Enseña la profesora Gutiérrez contabilidad?, La profesora Gutiérrez enseña contabilidad, ¿no?, La profesora Gutiérrez enseña contabilidad, ¿verdad? 4. ¿Necesitan ustedes hablar con el profesor de economía?, ¿Necesitan hablar con el profesor de economía ustedes?, Ustedes necesitan hablar con el profesor de economía, ¿no?, Ustedes necesitan hablar con el profesor de economía, ¿verdad?

4 1. Dónde 2. Cuándo 3. De dónde 4. Cuántos 5. Adónde 6. Qué 7. Por qué 8. Quién

2.3 Estructura

1 1. Cristina y Bruno están en el estadio. 2. La profesora y el estudiante están en la clase. 3. La puerta está al lado de/a la derecha de/cerca de la ventana. 4. La mochila está debajo de la pizarra. 5. El pasajero está en el autobús. 6. José Miguel está en el laboratorio.

2 1. Los libros están cerca del escritorio. 2. Ustedes están al lado de la puerta. 3. El diccionario está entre las computadoras. 4. Los lápices están sobre el cuaderno. 5. El estadio está lejos de las residencias. 6. Las mochilas están debajo de la mesa. 7. Tú estás en la clase de psicología. 8. El reloj está a la derecha de la ventana. 9. Rita está a la izquierda de Julio.

3 1. está 2. están 3. son 4. es 5. Son 6. estamos

4 1. Estás 2. estoy 3. está 4. está 5. está 6. está 7. están

5 1. estás 2. es 3. eres 4. Soy 5. eres 6. Soy 7. está 8. Está 9. es 10. Es 11. es 12. Son 13. está 14. está

2.4 Estructura

1 1. siete, setenta y seis, setenta y siete, noventa y nueve 2. cinco, cuarenta y tres, treinta y uno, sesenta y dos 3. cuatro, ochenta y tres, cuarenta y siete, cuarenta y cinco 4. tres, cincuenta y dos, cincuenta, setenta y tres 5. ocho, ochenta y ocho, setenta y cinco, cuarenta 6. cinco, sesenta y seis, treinta y ocho, cincuenta y siete 7. cuatro, noventa y dos, sesenta, treinta y tres 8. siete, ochenta, cincuenta y siete, setenta

2 1. Hay sesenta y seis mapas. 2. Hay treinta y una mochilas. 3. Hay cuarenta y tres diccionarios. 4. Hay cincuenta cuadernos. 5. Hay ochenta y cinco plumas. 6. Hay noventa y un lápices. 7. Hay treinta computadoras. 8. Hay setenta y dos grabadoras.

3 1. treinta y cinco 2. cuarenta y tres 3. sesenta y cinco 4. ochenta y dos 5. cuarenta y siete 6. cincuenta y tres

---

síntesis

Answers will vary.

---

panorama

1 1. Madrid 2. Salamanca 3. Sevilla 4. Barcelona 5. Buñol 6. Sevilla

2 1. Cierto. 2. Cierto. 3. Falso. La moneda de España es el euro. 4. Cierto. 5. Falso. La Tomatina es un festival donde se tiran tomates./La paella es uno de los platos más deliciosos de España. 6. Cierto.

3 1. Mar Cantábrico 2. Pirineos 3. Barcelona 4. Madrid 5. Valencia 6. Sevilla 7. Estrecho de Gibraltar 8. Mar Mediterráneo

4 1. astronauta 2. escritora y periodista 3. director de cine 4. escritor 5. tenista 6. pintor

5 1. Baleares 2. idiomas 3. europea 4. Prado 5. Goya 6. *Las meninas* **Aeropuerto:** Barajas

6 1. la paella 2. el baile flamenco 3. la Sagrada Familia

contextos

1 1. Juan Carlos y Sofía son los abuelos de Pilar. 2. Pilar es la hija de Ana María y Luis Miguel. 3. Eduardo es el esposo de Raquel. 4. José Antonio y Ramón son los hermanos de Concha. 5. Raquel es la tía de Pilar. 6. Concha, José Antonio y Ramón son los primos de Pilar. 7. Ana María es la cuñada de Raquel. 8. Joaquín es el yerno de Ana María y Luis Miguel.

2 1. hijastra 2. nieto 3. artista 4. novio 5. tíos 6. amiga

3 **Horizontales:** 3. sobrino 4. madrastra 6. nieto 7. cuñado 8. programador 10. abuela 11. familia 12. hermanastro 15. médico 16. hijos 17. gente 18. hijastra **Verticales:** 1. periodista 2. amigos 4. muchachos 5. yerno 8. primo 9. parientes 13. artistas 14. tío

estructura

3.1 Estructura

1 1. La profesora de historia es alta. 2. David y Simón son guapos. 3. El artista es simpático. 4. Esas muchachas son delgadas. 5. El abuelo de Alberto es viejo. 6. La programadora es trabajadora.

2 1. buenos 2. alto, guapo 3. bajas, delgadas 4. morenos, pelirroja 5. inteligentes, trabajadoras 6. simpáticos, tontos

3 1. No, es simpático. 2. No, son rubias. 3. No, es guapa/bonita. 4. No, son jóvenes. 5. No, son buenos. 6. No, es feo.

4 1. Ling y Sammo Hung son de Pekín. Son chinos. 2. Pierre y Marie Lebrun son de Montreal. Son canadienses. 3. Luigi Mazzini es de Roma. Es italiano. 4. Elizabeth Mitchell es de Londres. Es inglesa. 5. Roberto Morales es de Madrid. Es español. 6. Andrés y Patricia Padilla son de Quito. Son ecuatorianos. 7. Paula y Cecilia Robles son de San Juan. Son puertorriqueñas. 8. Conrad Schmidt es de Berlín. Es alemán. 9. Antoinette y Marie Valois son de París. Son francesas. 10. Marta Zedillo es de Guadalajara. Es mexicana.

5 1. buena 2. buen 3. buena 4. buenos 5. mala 6. mal 7. mala 8. malas 9. gran 10. grandes 11. grande 12. gran

3.2 Estructura

1 1. Sí, es su mochila. 2. Sí, es tu clase de español. 3. Sí, son sus papeles. 4. Sí, es su diccionario. 5. Sí, es mi novia. 6. Sí, son nuestros lápices.

2 1. Mi 2. Sus 3. tu 4. Nuestros 5. su 6. mis 7. su 8. Nuestra

3 1. ¿Cuál es el problema de ella? 2. Trabajamos con la madre de ellos. 3. ¿Dónde están los papeles de ustedes? 4. ¿Son las plumas de ella? 5. ¿Quiénes son los compañeros de cuarto de él? 6. ¿Cómo se llaman los sobrinos de usted?

4 1. Son sus sillas. 2. Es tu mochila. 3. Es nuestra mesa. 4. Es mi maleta. 5. Son sus lápices. 6. Es su grabadora.

5 1. mis 2. nuestra 3. nuestro 4. Sus 5. mi 6. mi 7. Su 8. su 9. sus 10. mis 11. nuestros 12. mi 13. nuestros 14. nuestros 15. tu

6 1. Mi padre es alto y moreno. 2. Tus/Sus papeles están en el escritorio. 3. Su escuela es pequeña y vieja. 4. Nuestros amigos son puertorriqueños. 5. Tu tarea está en la mesa. 6. Sus hermanos son simpáticos.

3.3 Estructura

1 1. lees 2. Leo 3. viven 4. vivimos 5. comen 6. como, come 7. debemos 8. deben 9. Escribes 10. escribo

2 1. (Nosotros) Escribimos muchas composiciones en la clase de literatura. 2. Esteban y Luisa aprenden a bailar el tango. 3. ¿Quién no comprende la lección de hoy? 4. (Tú) Debes comprar un mapa de Quito. 5. Ellos no reciben muchas cartas de sus padres. 6. (Yo) Busco una foto de mis primos.

3 1. corres 2. asisto 3. Aprende 4. comprendo 5. comen 6. leemos

4 1. Ellos creen que la lección 3 es fácil. 2. Mi tía aprende alemán en la universidad. 3. Aprendo a hablar, leer y escribir en la clase de español. 4. Escribes en tu diario todos los días. 5. Víctor comparte sus problemas con sus padres. 6. Vivimos en una residencia interesante y bonita.

5 1. Nosotros comemos en la cafetería. Yo abro una ventana. 3. Mirta lee un libro. 4. Los estudiantes aprenden a dibujar.

3.4 Estructura

1 1. vienen 2. Vienes 3. tenemos 4. viene 5. tengo, tiene 6. Tienen 7. tienen 8. viene, vengo 9. venimos 10. tienes 11. tengo 12. vienen

2 1. Los estudiantes tienen miedo de tomar el examen de química. 2. Las turistas tienen prisa por llegar al autobús. 3. Mi madre tiene razón siempre. 4. Vienes a la cafetería cuando tienes hambre. 5. Tengo frío en la biblioteca porque abren las ventanas. 6. Rosaura y María tienen ganas de mirar la televsión. 7. Nosotras tenemos cuidado con el sol. 8. David toma mucha agua cuando tiene sed.

3 1. tienen miedo 2. tener cuidado 3. tengo que 4. tenemos ganas 5. tiene razón 6. tienes mucha suerte

síntesis

Answers will vary.

panorama

1 1. Falso. El Ecuador tiene aproximadamente el área de Colorado. 2. Falso. Colombia y Perú limitan con el Ecuador. 3. Cierto. 4. Cierto. 5. Falso. 4.000.000 de ecuatorianos hablan lenguas indígenas. 6. Falso. Rosalía Arteaga fue vicepresidenta del Ecuador. 7. Cierto. 8. Falso. Oswaldo Guayasamín fue un muralista y escultor ecuatoriano famoso.

2 1. Río Esmeraldas 2. Quito 3. Portoviejo 4. Cordillera de los Andes 5. Guayaquil 6. Cuenca 7. Colombia 8. Río Napo 9. Volcán Cotopaxi 10. Perú

3 1. cuidad de Quito y Cordillera de los Andes 2. volcán Cotopaxi 3. catedral de Guayaquil

4 **Suggested answers:** 1. La moneda del Ecuador se llama dólar. 2. Los ecuatorianos hablan español, quichua y otras lenguas indígenas. 3. Las islas Galápagos son un verdadero tesoro ecológico porque sus plantas y animales son únicos. 4. Muchos turistas vienen para visitar las islas Galápagos. 5. El estilo artístico de Guayasamín es expresivo. 6. Mitad del Mundo es un monumento y es un destino turístico muy popular. 7. Puedes hacer trekking y escalar montañas. 8. Viven en las islas Galápagos.

repaso lecciones 1–3

1 1. son 2. está 3. son 4. Soy, estás 5. está 6. está

2 **Carmen:** médica, cincuenta y uno, ecuatoriana **Gloria:** artista, treinta y dos **David:** conductor, cuarenta y cinco, canadiense **Ana:** treinta y siete, española

3 1. ¿Cómo está usted, señora Rodríguez? 2. El/La estudiante llega a la gran biblioteca a las cinco y media/treinta de la tarde. 3. Hay quince cuadernos sobre el escritorio. 4. El nieto de Inés aprende español en la escuela. 5. La conductora del autobús no es antipática. 6. El abuelo de Lisa tiene setenta y dos años.

4 1. La clase de contabilidad es a las doce menos cuarto/quince de la mañana. ¿Es a las doce menos cuarto/quince de la mañana la clase de contabilidad?/¿Es la clase contabilidad a las doce menos cuarto/quince de la mañana? 2. Su tía favorita tiene treinta y cinco años. ¿Tiene treinta y cinco años su tía favorita?/¿Tiene su tía favorita treinta y cinco años? 3. Tu profesor de biología es de México. ¿Es de México tu profesor de biología?/¿Es tu profesor de biología de México? 4. La biblioteca está cerca de la residencia estudiantil. ¿Está cerca de la residencia estudiantil la biblioteca?/¿Está la biblioteca cerca de la residencia estudiantil?

5 1. Pequeña Habana 2. mexicano 3. España 4. quichua

6 Answers will vary.

contextos

1 1. el tenis 2. la natación 3. el golf 4. el ciclismo 5. el esquí 6. el fútbol americano

2 1. trabajar 2. descansar 3. películas 4. museo 5. tenis 6. aficionado/a

3 **Deportes:** baloncesto, béisbol, fútbol; **Lugares:** gimnasio, montaña, restaurante; **Personas:** aficionado/a, excursionista, jugador(a)

4 1. el periódico 2. deportes 3. la piscina 4. el gimnasio 5. la ciudad 6. un restaurante 7. el partido 8. el cine

estructura

4.1 Estructura

1 1. Vamos 2. vamos 3. van 4. voy 5. voy
6. voy 7. vamos 8. voy 9. va 10. va 11. vamos

2 1. Inés y Javier van a pasear por la ciudad.
2. Los chicos van a correr por la noche. 3. Van al autobús a las dos y media. 4. Van a ir a las cabañas a las cuatro. 5. Maite va a escribir postales. 6. Álex va a tomar el sol.

3 1. vas 2. Voy 3. ir 4. Voy 5. vas 6. vamos
7. ir 8. van 9. Vamos 10. va 11. van
12. vamos 13. ir 14. Voy

4 Answers will vary.

4.2 Estructura

1 1. Vicente y Francisco juegan al vóleibol los domingos. 2. Adela y yo empezamos a tomar clases de tenis. 3. Ustedes vuelven de Cancún el viernes. 4. Los jugadores de béisbol recuerdan el partido importante. 5. La profesora muestra las palabras del vocabulario. 6. El excursionista prefiere escalar la montaña de noche.
7. Entiendo el plan de estudios. 8. Cierras los libros y te vas a dormir.

2 1. Puedo 2. puedes 3. pensamos 4. quiero
5. Pueden 6. volvemos 7. preferimos
8. piensan 9. pienso

3 1. No, no queremos patinar en línea con ustedes. 2. No, (ellas) no recuerdan los libros que necesitan. 3. No, no prefiero jugar al fútbol a nadar en la piscina. 4. No, (mis sobrinos) no duermen en casa de mi abuela. 5. No, no jugamos al baloncesto en la universidad.

6. No, no pienso que la clase de química orgánica es difícil. 7. No, no encuentro el programa de computadoras en la librería.
8. No, no volvemos a casa los fines de semana.
9. No, no puedes tomar el autobús a las once de la noche. 10. No, no entienden la tarea de psicología.

4 1. empiezan 2. dormimos 3. entiendes
4. pienso 5. vuelvo 6. prefiero 7. Quiero
8. podemos 9. jugamos

4.3 Estructura

1 1. piden 2. dicen 3. pedimos
4. conseguimos 5. repito 6. siguen

2 1. pides 2. Pido 3. consiguen 4. conseguimos
5. repite 6. repito 7. siguen 8. sigue, sigue

3 Answers will vary.

4 **Suggested answers:** 1. Ellos deciden ir al cine.
2. Siguen la recomendación de un crítico.
3. Ellos quieren conseguir entradas para estudiantes porque son más baratas./Porque son más baratas. 4. Pueden conseguir entradas para estudiantes a las seis de la tarde en la oficina de la escuela./Pueden conseguir entradas para estudiantes en la oficina de la escuela a las seis de la tarde. 5. Cuando llegan a la oficina de la escuela, la oficina está cerrada./La oficina está cerrada./La oficina está cerrada y la secretaria está afuera. 6. Le piden las entradas a la secretaria. Creo que sí les vende las entradas.

5 Answers will vary.

Workbook

4.4 Estructura

1 1. Oigo 2. Pongo 3. Hago 4. Traigo 5. Veo
6. Salgo 7. Supongo 8. Traigo

2 1. Salgo 2. traigo 3. Supongo 4. oigo 5. hago
6. veo

3 Answers will vary.

4 Hago mis tareas todas las tardes y salgo por las
noches a bailar o a comer en un restaurante
cerca de la universidad. Los fines de semana,
voy a mi casa a descansar, pero traigo mis
libros. En los ratos libres, oigo música o veo
una película en el cine. Si hay un partido de
fútbol, pongo la televisión y veo los partidos
con mi papá. Hago algo de comer y pongo
la mesa.

síntesis

Answers will vary.

panorama

1 1. emigración 2. económico 3. Guadalajara
4. Benito Juárez 5. Yucatán 6. turistas
7. Frida Kahlo 8. tortilla

2 1. Falso. El área de México es casi tres veces el
área de Texas. 2. Falso. Octavio Paz era un
poeta célebre mexicano. 3. Cierto. 4. Falso.
Hay mucho crecimiento de la población del
D.F./El crecimiento de la población es de los
más altos del mundo. 5. Falso. Frida Kahlo y
Diego Rivera eran pintores. 6. Cierto. 7. Falso.
Los turistas van al D.F. a ver las ruinas de
Tenochtitlán. 8. Cierto.

3 1. sur 2. más de 20 millones 3. náhuatl, idiomas
mayas 4. Diego Rivera 5. azteca 6. harina

4 1. La tercera ciudad de México en población es
Monterrey. 2. La moneda mexicana es el peso.
3. El Distrito Federal atrae a miles de
inmigrantes y turistas. 4. Muchos turistas van a
ver las ruinas de Tenochtitlán. 5. El D.F. tiene
una población mayor que la de Nueva York,
Madrid o París. 6. Puedes conseguir tortillas
muy buenas en muchos restaurantes mexicanos.

5 1. Las cinco ciudades más importantes de
México son la Ciudad de México, Guadalajara,
Monterrey, Puebla y Ciudad Juárez. 2. Seis
mexicanos célebres son Benito Juárez, Octavio
Paz, Elena Poniatowska, Julio César Chávez,
Frida Kahlo y Diego Rivera. 3. Los Estados
Unidos, Belice y Guatemala hacen frontera
con México. 4. El Río Bravo del Norte es un
río importante de México. 5. Dos sierras
importantes de México son la Sierra Madre
Oriental y la Sierra Madre Occidental.
6. Ciudad Juárez es una ciudad mexicana
importante que está en la frontera con los
EE.UU. 7. La Ciudad de México fue fundada
en el siglo dieciséis.

contextos

1 1. un huésped 2. la estación de tren/del metro 3. al aeropuerto 4. el pasaje/el equipaje 5. el/la botones 6. una agencia de viajes 7. la aduana 8. el ascensor 9. una llave 10. el pasaporte

2 1. pasajes 2. pasaportes 3. equipaje 4. sacar fotos 5. aeropuerto 6. taxi 7. confirmar 8. agente de viajes 9. hacer turismo 10. playa 11. llegada 12. hotel

3 1. febrero 2. marzo 3. diciembre 4. mayo 5. julio 6. enero

4 1. La primavera sigue al invierno. 2. Mucha gente va a la playa en el verano./En el verano mucha gente va a la playa. 3. Las clases empiezan en el otoño./En el otoño empiezan las clases.

5 1. Sí, en Soria hace buen tiempo. 2. No, en Teruel está soleado/hace sol. 3. No, en Girona llueve/hace mal tiempo. 4. No, en Murcia está soleado/hace sol. 5. No, en Cáceres hace sol/está soleado. 6. En Salamanca está soleado/hace sol/ hace buen tiempo. 7. Sí, hace viento cerca de Castellón. 8. En Almería está soleado/hace sol/hace buen tiempo. 9. No, en Las Palmas está soleado/hace buen tiempo/hace sol. 10. No, en Lleida hace mal tiempo/llueve.

estructura

5.1 Estructura

1 1. a. trabaja mucho. 2. b. va a venir un huracán. 3. a. nieva mucho y no pueden salir. 4. c. su respuesta es incorrecta. 5. b. su novio es simpático, inteligente y guapo. 6. a. vamos a pasar el verano con ellos.

2 1. estamos, aburridos/as 2. está, cómodo 3. están equivocados 4. está, cansada 5. está desordenada 6. está cerrada 7. está, sucio 8. está contento/feliz/alegre 9. está triste 10. están abiertas

3 1. estoy feliz/contento 2. estás triste 3. estoy seguro 4. estamos cómodos 5. están abiertas 6. está desordenado 7. estamos ocupados 8. estoy cansado 9. estoy aburrido 10. estoy nervioso 11. estoy enamorado 12. estoy contento/feliz

4 1. Vicente y Mónica están cansados. 2. Estamos equivocados/as. 3. El pasajero está nervioso. 4. Paloma está enamorada. 5. Los abuelos de Irene están contentos. 6. No estoy seguro/a.

5.2 Estructura

1 1. está buscando 2. están comiendo 3. Estoy empezando 4. están viviendo 5. está trabajando 6. Estás jugando 7. están teniendo 8. está abriendo 9. Estamos pensando 10. está estudiando

2 1. está leyendo el periódico 2. están jugando al fútbol 3. está paseando en bicicleta 4. está sacando/tomando una foto 5. están paseando/caminando 6. Estoy tomando el sol 7. está patinando en línea 8. Estás nadando

5.3 Estructura

1 1. es, g. 2. están, l. 3. está, k. 4. está, m. 5. es, b. 6. está, j. 7. es, e. 8. Estoy, n. 9. es, c. 10. Es, d.

2 1. está, es 2. es, estoy 3. está, es 4. es, están 5. está, es 6. está, es

3 1. La habitación está limpia y ordenada. 2. El restaurante del hotel es excelente. 3. La puerta del ascensor está abierta. 4. Los otros huéspedes son franceses. 5. Estoy cansada de viajar. 6. Paula y yo estamos buscando al botones. 7. La empleada es muy simpática. 8. El botones está ocupado. 9. Ustedes están en la ciudad de San Juan. 10. Eres José Javier Fernández.

4 1. son 2. están 3. Están 4. son 5. están 6. son 7. están 8. está 9. es 10. está 11. es 12. es 13. estamos 14. estamos

5.4 Estructura

1 1. los 2. lo 3. lo 4. Los 5. la 6. La 7. las 8. Las 9. lo 10. la

Workbook

síntesis

Answers will vary.

panorama

1 1. Cierto. 2. Falso. Aproximadamente la cuarta parte de la población puertorriqueña habla inglés. 3. Falso. La fortaleza del Morro protegía la bahía de San Juan. 4. Falso. La música salsa tiene orígenes puertorriqueños y cubanos. 5. Cierto. 6. Cierto.

2 1. San Juan/la capital 2. federales 3. Roberto Clemente 4. Puerto Rico 5. radiotelescopio 6. estado libre asociado

3 **Ciudades:** San Juan, Arecibo, Bayamón, Fajardo, Mayagüez, Ponce **Ríos:** Río Grande de Añasco, Río Loíza **Islas:** Culebra, Vieques **Puertorriqueños célebres:** Raúl Julia, Roberto Clemente, Luis Rafael Sánchez, Ricky Martin, Rita Moreno

4 1. No, no las usan. 2. Sí, lo habla. 3. Sí, las sacan. 4. Sí, la tocan. 5. No, no las estudian. 6. No, no los pagan.

5 1. Observatorio de Arecibo 2. El Morro 3. Plaza de Arecibo 4. El Condado, San Juan

contextos

1 1. cinturones, corbatas, pantalones de hombre, trajes de hombre 2. abrigos, botas, guantes, sandalias, zapatos de tenis 3. blusas, bolsas, cinturones, faldas, gafas de sol, vestidos 4. calcetines, medias, trajes de baño 5. cuarto 6. tercer 7. primer/segundo 8. tercer

2 1. un traje de baño 2. un impermeable 3. gafas de sol/lentes de sol/gafas oscuras 4. zapatos de tenis 5. centro comercial 6. tarjeta de crédito

3 1. El chocolate es marrón./café. 2. Las bananas son amarillas./verdes. 3. Las naranjas son anaranjadas. 4. La bandera de los Estados Unidos es roja, blanca y azul. 5. Cuando está nublado, las nubes son grises./Las nubes son grises cuando está nublado. 6. Los bluejeans son azules. 7. Muchos aviones son blancos. 8. Las palabras de los libros son negras.

4 1. los pantalones 2. la corbata 3. la falda 4. la chaqueta 5. la camiseta 6. la camisa 7. los zapatos 8. el cinturón 9. las sandalias 10. la blusa

estructura

6.1 Estructura

1 1. cien mil 2. ciento diez mil 3. dos millones ciento diez mil 4. cien millones ciento diez mil 5. veinte millones 6. trescientos setenta y cuatro 7. tres millones quinientos ochenta y cuatro mil cien 8. siete mil millones de 9. cuatrocientos noventa millones de 10. quinientos millones de

2 1. Hay doscientos setenta y cinco mil habitantes en mi ciudad. 2. Hay ochocientos veintisiete pasajeros en el aeropuerto. 3. Hay veinticinco mil trescientos cincuenta estudiantes en la universidad. 4. Hay tres millones novecientos mil aficionados al vóleibol en mi país. 5. Hay cincuenta y seis mil cuatrocientos sesenta libros en la biblioteca de mi pueblo. 6. Hay quinientos treinta mil turistas en la ciudad en el verano.

3 1. los pantalones cortos; quinientos treinta y siete dólares 2. los zapatos de tenis; ciento veintitrés dólares 3. la botas; ciento sesenta y nueve dólares 4. la blusa; trescientos doce dólares 5. los zapatos; doscientos dos dólares 6. la chaqueta; cuatrocientos ochenta dólares

6.2 Estructura

1 1. Le 2. nos 3. les 4. les 5. nos 6. te 7. le 8. les 9. Te 10. me

2 1. me 2. les 3. le 4. les 5. Le 6. les 7. nos 8. nos 9. le 10. me 11. le 12. me 13. te 14. te

3 1. Vas a darles muchos regalos a tus padres. 2. Les quiero comprar unos guantes a mis sobrinos. 3. Clara le va a vender sus libros de literatura francesa a su amiga. 4. Los clientes pueden pagarnos con tarjeta de crédito.

4 1. les 2. le 3. me 4. les 5. le 6. le 7. Les

5 1. No, no le escribe un correo electrónico. 2. No, no nos trae las maletas a la habitación. 3. No, no les dan lentes de sol. 4. No, no me compra botas. 5. No, no nos muestra el traje. 6. No, no te voy a buscar la revista en la librería.

6.3 Estructura

1 1. encontró 2. recibió 3. terminaron 4. preparó 5. Visité 6. escucharon 7. viajaron 8. Escribimos 9. Regresaste 10. vivieron

2 1. Ramón escribió una carta al director del programa. 2. Mi tía trabajó de dependienta en un gran almacén. 3. Comprendí el trabajo de la clase de biología. 4. La familia de Daniel vivió en Argentina. 5. Virginia y sus amigos comieron en el café de la librería. 6. Los ingenieros terminaron la construcción de la tienda en junio. 7. Cada día llevaste ropa muy elegante. 8. Los turistas caminaron, compraron y descansaron. 9. Corrimos cada día en el parque.

3 1. No, mi primo Andrés ya viajó a Perú. 2. No, ya busqué una tienda de computadoras en el centro comercial. 3. No, ya encontramos muchas rebajas en el centro. 4. No, María ya llevó las sandalias anoche. 5. No, Mónica y Carlos ya regatearon con el vendedor. 6. No, mi abuela ya paseó por la playa.

4 1. ¿Pagaste el abrigo con la tarjeta de crédito?, Sí, pagué el abrigo con la tarjeta de crédito./No, no pagué el abrigo con la tarjeta de crédito.
2. ¿Jugaste al tenis?, Sí, jugué al tenis./No, no jugué al tenis. 3. ¿Buscaste un libro en la biblioteca?, Sí, busqué un libro en la biblioteca./No, no busqué un libro en la biblioteca.
4. ¿Llegaste tarde a clase?, Sí, llegué tarde a clase./No, no llegué tarde a clase. 5. ¿Empezaste a escribir una carta?, Sí, empecé a escribir una carta./No, no empecé a escribir una carta.

síntesis

Answers will vary.

panorama

1 **Horizontales:** 1 Alicia 3. Obispo 7. taínos
8. Valdés 9. caña 10. tabaco **Verticales:**
2. Castro 4. ballet 5. salsa 6. UNESCO

2 1. Los taínos también vivieron en Puerto Rico, la República Dominicana, Haití, Trinidad, Jamaica y partes de las Bahamas y la Florida.
2. La bandera cubana es roja, blanca y azul.
3. Fidel Castro es primer ministro y comandante en jefe de las fuerzas armadas de Cuba. 4. La carrera de Celia Cruz comenzó en los años cincuenta en Cuba.

repaso lecciones 4–6

1 1. Sí, la hago. 2. No, no los pongo. 3. Sí, los traigo. 4. No, no lo oigo. 5. Sí, las veo. 6. No, no la pongo.

2 1. quiere/piensa 2. Comienzas 3. puede/quiere
4. Prefiero/Quiero/Pienso 5. cierran
6. quieren/piensan 7. vuelven 8. piden

3 1. No, te voy a vender ésta./No, voy a venderte ésta. 2. No, vamos a abrirle aquél./No, le vamos a abrir aquél. 3. No, va a llevarles ésas./No, les va a llevar ésas. 4. No, les van a enseñar

6.4 Estructura

1 1. estos 2. ese 3. Aquella 4. este 5. Esas
6. estos

2 1. No, (Gloria) va a comprar esos pantalones.
2. No, llevé estos zapatos de tenis. 3. No, quiero ver estas medias. 4. No, (David) usa aquella chaqueta negra. 5. No, (Silvia) decidió comprar ese sombrero. 6. No, me mostró el vestido aquel dependiente.

3 1. éstas/ésas/aquéllas 2. éstos/ésos/aquéllos
3. ésta/ésa/aquélla 4. éstos/ésos/aquéllos
5. éste/ése/aquél 6. éstas/ésas/aquéllas

4 1. esta 2. ésta 3. ésa 4. Ésa 5. aquella
6. aquélla 7. este 8. Éste 9. ésos

3 1. Palacio de Capitanes Generales 2. Santiago de Cuba 3. quinta 4. Ballet Nacional de Cuba
5. caña de azúcar 6. puros cubanos 7. en el siglo XV 8. Celia Cruz

4 1. Celia Cruz 2. Alicia Alonso 3. Fidel Castro
4. José Martí 5. Zoé Valdés 6. Carlos Finlay

5 1. ...once millones trescientos sesenta y nueve mil 2. ...dos millones trescientos seis mil
3. ...mil novecientos ochenta y dos
4. ...cuatrocientos cuarenta y seis mil
5. ...doscientos noventa y cuatro mil 6. ...mil novecientos veintiséis

éstos./No, van a enseñarles éstos.

4 1. Paloma y Carlos son inteligentes y trabajadores. 2. Mariela está cantando una canción bonita. 3. Eres conductor de taxi en la ciudad. 4. Estamos en una cabaña en la playa.
5. Gilberto está preocupado porque tiene mucho trabajo. 6. Roberto y yo somos puertorriqueños de San Juan.

5 Answers will vary.

contextos

1 1. champú 2. baño/cuarto de baño 3. jabón 4. toalla 5. despertador 6. espejo

2 1. en el baño 2. en la habitación 3. en el baño 4. en el baño 5. en la habitación 6. en el baño 7. en el baño 8. en la habitación

3 1. Lupe se cepilla los dientes después de comer. 2. Ángel se afeita por la mañana. 3. Lupe se baña por la tarde. 4. Ángel se ducha antes de salir.

4 1. antes 2. despertarse 3. bailar 4. despertador 5. entonces 6. vestirse

5 Por la mañana Silvia se prepara para salir. Primero se levanta y se ducha. Después de ducharse, se viste. Entonces se maquilla. Antes de salir come algo y bebe un café. Por último se peina y se pone una chaqueta. Durante el día Silvia no tiene tiempo de volver a su casa. Más tarde come algo en la cafetería de la universidad y estudia en la biblioteca. Por la tarde, Silvia trabaja en el centro comercial. Por la noche llega a su casa y está cansada. Más tarde prepara algo de comer y mira la televisión un rato. Antes de acostarse a dormir siempre estudia un rato.

estructura

7.1 Estructura

1 1. se enojan 2. se despide 3. Me acuesto 4. se secan 5. Te preocupas 6. se lava 7. se pone

2 1. Sí, me cepillé los dientes después de comer. 2. Sí, Julia se maquilla antes de salir a bailar. 3. Sí, nos duchamos antes de nadar en la piscina. 4. Sí, los turistas se ponen sombreros cuando van a la playa. 5. Sí, se ponen/nos ponemos las pantuflas cuando llegan/llegamos a casa.

3 1. te enojes, levantarnos 2. se enoja, nos acordamos 3. se cepilla, se levanta 4. nos quedamos, nos levantamos 5. me duermo, acostarme

4 1. se lava, lava 2. Peino, Me peino 3. Nos ponemos, Ponemos 4. se levantan, levantan

5 1. se levanta/se despierta 2. se lava 3. afeitarse 4. se quedan 5. se preocupa 6. se ponen 7. se enojó 8. se levantó/se despertó 9. maquillarme 10. irme 11. vestirme 12. acordarte

7.2 Estructura

1 1. ningún 2. algunas 3. alguien 4. ningún 5. alguna 6. tampoco

2 1. No, ninguna 2. No, ningún 3. No, nada 4. No, nunca 5. No, nadie, nunca 6. ni, tampoco

3 1. Las dependientas no venden ninguna blusa/ninguna. 2. Nadie va de compras al centro comercial. 3. Nunca te cepillas los dientes antes de salir. 4. No me vas a traer ningún programa de la computadora/ninguno. 5. Tu hermano no prepara nada de comer. 6. No quieres tomar nada en el café de la librería.

4 1. No, no tengo ninguna falda./no tengo ninguna. 2. No, nunca salgo los fines de semana./no salgo nunca los fines de semana. 3. No, no quiero comer nada. 4. No, no le presté ningún disco de jazz (a César)./no le presté ninguno (a César). 5. No, no podemos ni ir a la playa ni nadar en la piscina. 6. No, no encontré ningún cinturón barato en la tienda./no encontré ninguno. 7. No, no buscamos a nadie en la playa. 8. No, no me gusta ninguno de estos trajes./no me gusta ninguno.

5 Rodrigo nunca está leyendo ningún libro. Tampoco lee el periódico. Nunca lee nada. Nadie le pregunta si leyó una novela de Mario Vargas Llosa. No leyó ningún libro de Vargas Llosa el año pasado. Tampoco leyó ninguna novela de Gabriel García Márquez. Nunca quiere leer ni libros de misterio ni novelas fantásticas.

7.3 Estructura

1 1. fueron, ir 2. fue, ser 3. fuimos, ir 4. fueron, ser 5. Fuimos, ser 6. fue, ir 7. fueron, ir 8. fue, ser 9. Fui, ir 10. fue, ir

2 **Paragraph:** 1. fuimos 2. fue 3. fue 4. fuimos
5. fuimos 6. fue 7. fuimos 8. fuimos 9. fue
10. fuimos 11. fue 12. fui 13. fue 14. fuimos
15. fuimos 16. fue 17. fue 18. Fuiste
Infinitives: 1. ir 2. ser 3. ser 4. ir 5. ir 6. ser
7. ir 8. ir 9. ser 10. ir 11. ser 12. ser 13. ser
14. ir 15. ir 16. ser 17. ser 18. ir

7.4 Estructura

1 1. Maite, te quedan bien las faldas y los
vestidos. 2. A Inés y a Álex no les molesta la
lluvia. 3. A los chicos no les gusta estar
enojados. 4. A don Francisco y Álex les aburre
probarse ropa en las tiendas. 5. A Maite le
fascinan las tiendas y los almacenes. 6. A Javier
le faltan dos años para terminar la carrera.

síntesis

Answers will vary.

panorama

1 1. Lima, Arequipa 2. Iquitos 3. Barranco
4. Machu Picchu 5. camello 6. incas

2 1. Barranco 2. llamas 3. aimará 4. Lima
5. Andes 6. noroeste 7. Iquitos 8. guanacos
9. nazca 10. Callao
Se llega por el **Camino del Inca.**

3 1. Trujillo 2. Iquitos 3. Lima 4. Cuzco
5. Machu Picchu

4 1. Falso. Iquitos es un destino popular para los
ecoturistas que visitan la selva. 2. Cierto. 3.
Falso. La Iglesia de San Francisco es notable por
la influencia de la arquitectura árabe. 4. Cierto.
5. Cierto. 6. Falso. La civilización nazca hizo
dibujos que sólo son descifrables desde el aire.

5 1. Ecuador 2. Colombia 3. Iquitos 4. Río
Amazonas 5. Brasil 6. Lima 7. Machu Picchu
8. Cuzco 9. Bolivia 10. Lago Titicaca

7. A los chicos les encanta pescar y nadar en el
mar. 8. A Inés le interesa la geografía.

2 1. fascina 2. encantan 3. gusta 4. interesan
5. molesta 6. aburren 7. falta 8. encantan

3 1. Te queda bien la blusa cara. 2. Les molestan
las canciones populares. 3. ¿No te interesa
nadar/aprender a nadar? 4. Me gustan aquellas
gafas de sol. 5. Les encanta el centro comercial.
6. Nos faltan unas semanas de clase. 7. No les
gustan las películas del avión. 8. No les
importa buscar unos libros nuestros.

4 1. me encantan 2. le molestan 3. le gusta
4. les falta 5. Te quedan 6. nos fascina
7. le importan 8. me aburren

contextos

1 1. los tomates 2. la sopa 3. las zanahorias 4. el jugo 5. el sándwich 6. las papas fritas 7. los camarones 8. los limones

2 **Verduras:** espárragos, zanahorias, cebollas, champiñones, arvejas, lechuga, maíz, papas, tomates **Productos lácteos:** yogur, leche, queso, mantequilla, margarina **Condimentos:** aceite, vinagre, azúcar, sal, pimienta **Carnes y aves:** bistec, hamburguesas, salchichas, pollo, chuletas de cerdo, jamón **Pescado y mariscos:** atún, salmón, langosta, camarones **Frutas:** peras, naranjas, bananas, melocotones, limones, uvas, manzanas

3 1. el vino tinto 2. las zanahorias 3. los camarones 4. las uvas

4 1. **Desayuno:** un yogur y un café con leche **Almuerzo:** un sándwich de jamón y queso **Cena:** unas chuletas de cerdo con arroz y frijoles 2. **Desayuno:** huevos fritos y jugo de naranja **Almuerzo:** una hamburguesa y un refresco **Cena:** una langosta con papas y espárragos 3. **Desayuno:** pan tostado con mantequilla **Almuerzo:** un sándwich de atún y té helado **Cena:** un bistec con cebolla y arroz 4. **Desayuno:** cereales con leche **Almuerzo:** una sopa y una ensalada **Cena:** pollo asado con ajo y champiñones y vino blanco

estructura

8.1 Estructura

1 1. Ana y Enrique pidieron unos refrescos fríos. 2. Mi mamá nos sirvió arroz con frijoles y carne. 3. Tina y Linda durmieron en un hotel de Lima. 4. Las flores de mi tía murieron durante el otoño. 5. Ustedes se sintieron bien porque ayudaron a las personas.

2 1. repitieron 2. murió 3. Serví 4. pidieron 5. durmió 6. prefirieron

3 1. Anoche mis primos se despidieron de nuestros abuelos en el aeropuerto. 2. Seguí a Camelia por la ciudad en el auto. 3. Ustedes prefirieron quedarse en casa. 4. Ellas pidieron un plato de langosta con salsa de mantequilla. 5. Tu esposo les sirvió una ensalada con atún y espárragos.

4 1. Preferimos este restaurante al restaurante italiano. 2. Mis amigos siguieron a Gustavo para encontrar el restaurante. 3. La camarera te sirvió huevos fritos y café con leche. 4. Ustedes pidieron ensalada de mariscos y vino blanco. 5. Carlos prefirió las papas fritas. 6. Conseguí el menú del restaurante.

5 1. conseguí 2. pidió 3. sirvió 4. murió 5. dormí 6. se vistió 7. seguí 8. repitió 9. prefirió 10. me despedí

8.2 Estructura

1 1. La camarera te lo sirvió. 2. Isabel nos las trajo a la mesa. 3. Javier me los pidió anoche. 4. El dueño nos la busca (para seis personas). 5. Tu madre me los consigue. 6. ¿Te lo recomendaron Lola y Paco?

2 1. La dueña nos la abrió. 2. Se los pidieron. 3. Nos lo buscaron y nos sentamos. 4. Se las sirven. 5. Se los llevaron. 6. Me la trajeron. 7. El dueño se la compró. 8. Ellos te los mostraron.

3 1. Se las escribí a ellos. 2. Se lo recomendó su tío./Su tío se lo recomendó. 3. Nos la va a abrir Sonia./Sonia nos la va a abrir. 4. Se lo sirvió Miguel./Miguel se lo sirvió. 5. Me los llevaron mis amigas./Mis amigas me los llevaron. 6. Se las ofrece a su familia./Roberto se las ofrece a su familia.

4 1. Se lo recomendó Rosalía./Rosalía se lo recomendó. 2. Se los sirvió el dueño./El dueño se los sirvió. 3. Se los trajo el camarero./El camarero se los trajo. 4. Se lo preguntó al camarero. 5. Se las pidió Tito./Tito se las pidió. 6. Se lo pidió Celia./Celia se lo pidió. 7. Se la repitió el camarero./El camarero se la repitió. 8. Se las dio al dueño.

8.3 Estructura

1 1. conozco 2. conoce 3. Sabes 4. sabe 5. conoce 6. saben

2 1. conduce 2. sabe 3. parece 4. conocen 5. ofrecen 6. Traduzco

3 1. Eugenia conoce a mi amiga Frances. 2. Pamela sabe hablar español muy bien. 3. El sobrino de Rosa sabe leer y escribir. 4. José y Laura conocen la ciudad de Barcelona. 5. No sé cuántas manzanas debo comprar. 6. Conoces al dueño del mercado. 7. Elena y María Victoria saben patinar en línea.

8.4 Estructura

1 1. más pequeño que 2. más rápido que 3. tan ricos/deliciosos/sabrosos como 4. más altos que 5. más trabajadora que 6. menos inteligente que 7. tan mala como 8. menos gordos que

2 1. Gloria Estefan es más famosa que mi hermana. 2. Estudiar química orgánica es más difícil que leer una novela. 3. El tiempo en Boston es peor que el tiempo en Florida. 4. Los restaurantes elegantes son menos baratos que los restaurantes de comida rápida. 5. Mi abuelo es mayor que mi sobrino.

3 1. más que mi padre/más que él 2. más que tú 3. menos que David/menos que él 4. más que yo 5. menos que tú 6. más que Lorna/más que ella

4 1. Javier y Maite están cansadísimos. 2. Álex es jovencísimo. 3. Inés es inteligentísima. 4. El viaje es larguísimo. 5. La madre de Inés está contentísima. 6. Estoy aburridísimo.

5 1. Sí, son los más caros de la tienda. 2. Sí, es el mejor del centro comercial. 3. Sí, es la más cómoda de la casa. 4. Sí, son los más nerviosos de la clase. 5. Sí, es la menor de mis amigas.

6 1. La biblioteca tiene más sillas que el laboratorio de lenguas. 2. Ramón compró tantas corbatas como Roberto. 3. Yo comí menos que mi hermano./Yo comí menos pasta que mi hermano. 4. Anabel durmió tanto como Amelia./Anabel durmió tantas horas como Amelia. 5. Mi primo toma menos clases que mi amiga Tere.

síntesis

Answers will vary.

panorama

1 1. moneda 2. cuarenta 3. diseño 4. quetzal 5. calendario 6. naturaleza

2 **Suggested answers:** 1. El maíz es un cultivo de mucha importancia en la cultura maya. 2. Miguel Ángel Asturias es un escritor guatemalteco célebre. 3. México, Belice, El Salvador y Honduras limitan con Guatemala. 4. La Antigua Guatemala fue una capital importante hasta 1773, cuando un terremoto la destruyó. 5. El quetzal simboliza la libertad para los mayas porque creían que este pájaro no podía vivir en cautiverio. 6. El gobierno mantiene una reserva biológica especial para proteger al quetzal.

3 1. el quetzal 2. los huipiles

4 1. El área de Guatemala es más pequeña que la de Tennessee. 2. Un ingrediente interesantísimo de las telas de Guatemala es el mosquito. 3. La población de Quetzaltenango es más grande que la población de Mazatenango. 4. Rigoberta Menchú es menor que Margarita Carrera. 5. La celebración de la Semana Santa en la Antigua Guatemala es la más importante del hemisferio para muchas personas.

5 1. Cierto 2. Falso. La lengua materna de muchos guatemaltecos es una lengua maya. 3. Falso. La civilización de los mayas era muy avanzada. 4. Cierto. 5. Falso. Los quetzales están en peligro de extinción. 6. Cierto.

contextos

1 1. estado civil 2. etapa de la vida 3. estado civil 4. etapa de la vida 5. fiesta 6. etapa de la vida 7. etapa de la vida 8. fiesta 9. estado civil 10. etapa de la vida 11. fiesta 12. estado civil

2 1. el nacimiento 2. la niñez 3. la adolescencia 4. la juventud 5. la madurez 6. la vejez

3 1. la vejez 2. la juventud 3. la niñez 4. la juventud 5. la adolescencia 6. la vejez 7. la juventud 8. la juventud 9. la vejez 10. la adolescencia

4 1. el 26 de enero de 1938 2. viudo 3. en la vejez 4. el 26 de enero 5. en 1960 6. con una botella de champán 7. el 11 de marzo de 1973 8. soltera 9. en la juventud 10. el 11 de marzo 11. en 1995 12. el flan de caramelo 13. en Caracas 14. en la juventud 15. a los veintiocho años 16. casado 17. tres 18. los dulces

estructura

9.1 Estructura

1 1. hay 2. Hubo 3. hubo 4. hay 5. Hubo 6. hay

2 1. estuvieron 2. Tuve 3. vino 4. hizo 5. puso

3 1. dijeron 2. tradujo 3. condujo 4. trajeron 5. dijimos

4 1. Antonio le dio un beso a su madre. 2. Los invitados le dieron las gracias a la familia. 3. Tú les trajiste una sorpresa a tus padres. 4. Rosa y yo le dimos un regalo al profesor. 5. Carla nos dio muchos consejos para el viaje.

5 **Possible answers:** 1. Rosa hizo galletas. 2. Mi tía estuvo en el Perú. 3. Yo vine a este lugar. 4. Rita y Sara dijeron la verdad. 5. Ustedes pusieron la televisión. 6. Ellos produjeron una película. 7. Nosotras trajimos una cámara. 8. Tú tuviste un examen.

6 1. No, ya estuve en la biblioteca ayer. 2. No, Elena y Miguel ya dieron una fiesta el sábado pasado. 3. No, la profesora ya tradujo esa novela el año pasado. 4. No, ya hubo un pastel de limón anoche./ en la cena de anoche. 5. No, ya puse los abrigos sobre la cama. 6. No, ya tuvimos tres hijos.

9.2 Estructura

1 1. pudo 2. conocieron 3. quisieron 4. supo 5. Pudimos 6. quiso

2 1. No pude terminar el libro el miércoles. 2. Inés supo la semana pasada que Vicente es divorciado. 3. Sus amigas quisieron llamarla (por teléfono), pero no pudieron. 4. Susana conoció a los padres de Alberto anoche. 5. Los camareros pudieron servir la cena a las ocho. 6. Tu madre no quiso ir a la casa de tu hermano.

3 1. conoció 2. quiso 3. quiso 4. pudo 5. supieron 6. pudieron

9.3 Estructura

1 1. Qué 2. Qué 3. Cuál 4. cuál 5. Qué 6. Cuáles 7. Qué 8. Cuál

2 1. ¿Cuál es la camisa que más te gusta? 2. ¿Qué quieres hacer hoy? 3. ¿Quién es tu profesora de matemáticas? 4. ¿De dónde eres?/¿De dónde es usted? 5. ¿Cuáles son tus gafas favoritas? 6. ¿Dónde está el pastel de cumpleaños? 7. ¿A qué hora empieza la fiesta sorpresa? 8. ¿Cuándo cierra el restaurante? 9. ¿Cuántos invitados hay en la lista? 10. ¿Adónde van ustedes?

9.4 Estructura

1 1. ella 2. conmigo 3. tú 4. mí 5. contigo 6. ellos 7. ti 8. nosotros 9. él 10. ti

2 1. ustedes 2. nosotros 3. mí 4. conmigo 5. mí 6. contigo 7. ti 8. ti 9. ellos

síntesis

Answers will vary.

panorama

1 **Ciudades más grandes:** Santiago de Chile, Concepción, Villa del Mar **Deportes de invierno:** el esquí, el snowboard, el heli-esquí **Países fronterizos:** Perú, Bolivia, Argentina **Escritores chilenos:** Gabriela Mistral, Pablo Neruda, Isabel Allende

2 1. Falso. Una tercera parte de los chilenos vive en Santiago de Chile. 2. Cierto. 3. Falso. La mayoría de las playas de Chile están en la costa del océano Pacífico. 4. Cierto. 5. Falso. La isla de Pascua es famosa por los moai, unas estatuas enormes. 6. Cierto. 7. Cierto. 8. Falso. La exportación de vinos está subiendo cada vez más.

3 1. peso chileno 2. héroe 3. holandeses 4. observatorios 5. vino 6. Argentina

4 1. Pablo Neruda 2. Moais de la isla de Pascua

5 1. escribió 2. recibió 3. decidieron 4. comenzó

6 1. ¿Cuántos habitantes hay en Chile? 2. ¿Cuál es la cuarta ciudad de Chile? 3. ¿Qué idiomas se hablan en Chile?/¿Cuáles son los idiomas que se hablan en Chile? 4. ¿Quiénes descubrieron la isla de Pascua?/¿Qué descubrieron los exploradores holandeses? 5. ¿Dónde se puede practicar el heli-esquí?/¿Qué (deporte) se puede practicar en el centro de esquí Valle Nevado? 6. ¿Cuándo comenzó la producción de vino en Chile?

repaso lecciones 7–9

1 1. nos gusta 2. me encantan 3. le molesta 4. les importa 5. te queda 6. les faltan

2 1. No, no debes ponerte/no te debes poner nada elegante esta noche. 2. No, no me enojé con nadie en el restaurante. 3. No, Ana no se probó ningún vestido/ninguno en la tienda. 4. No, Raúl nunca quiere quedarse/se quiere quedar en las fiestas.

3 1. fuimos 2. Fuimos 3. condujo 4. fue 5. hubo 6. Supe 7. rompió 8. quisimos 9. fue 10. pidió 11. dijo 12. sirvió 13. brindamos/ brindaron 14. dimos 15. se pudieron 16. traduje 17. repitió 18. estuvieron 19. trajo 20. fuimos 21. pidió 22. se despidieron 23. se puso 24. conseguimos

4 1. Quiso comprárselo. 2. Se la hice. 3. Se los dijeron. 4. No pudo prestárnoslo. 5. Debiste decírselo. 6. Te las traje.

5 1. Guatemala es más pequeño que el Perú. 2. Las líneas de Nazca son tan misteriosas como los moais de la isla de Pascua. 3. Los habitantes de Guatemala hablan más idiomas mayas que los habitantes de Chile. 4. La ciudad de Guatemala es más grande que el puerto de Iquitos. 5. Los peruanos usan las llamas más que los chilenos.

6 Answers will vary.

contextos

1 1. la nariz 2. el corazón 3. la garganta/el cuello 4. el brazo 5. el estómago 6. la rodilla 7. el tobillo 8. el pie

2 1. la farmacia 2. el dentista 3. la sala de emergencia 4. la clínica/el consultorio 5. el hospital 6. la clínica/el consultorio

3 **Síntoma:** fiebre, tos, estornudos **Enfermedad:** resfriado, gripe **Diagnóstico:** radiografía, tomar la temperatura **Tratamiento:** receta, pastilla, operación, antibiótico, aspirina

4 1. embarazada 2. fiebre 3. infección 4. lastimó 5. alérgica 6. receta 7. radiografía 8. síntomas

5 1. a 2. b 3. c 4. a 5. c 6. b 7. a 8. c

estructura

10.1 Estructura

1 1. cenaba 2. cantaba 3. nadaban 4. jugábamos 5. tenía 6. escribías 7. Creíamos 8. buscaban

2 1. Mi abuela era muy trabajadora y amable. 2. Tú ibas al teatro cuando vivías en Nueva York. 3. Ayer había muchísimos pacientes en el consultorio. 4. Veíamos tu casa desde allí. 5. Eran las cinco de la tarde cuando llegamos a San José. 6. Ella estaba muy nerviosa durante la operación.

3 1. No, pero antes hablaba. 2. No, pero antes iba. 3. No, pero antes (la) comía. 4. No, pero antes me traía. 5. No, pero antes conducía.

4 1. Tú escribías cartas/postales. 2. Rolando buceaba en el mar. 3. Pablo y Elena jugaban a las cartas. 4. Lilia y yo tomábamos el sol.

5 1. Antes jugaba al fútbol con mis primos. Ahora juego en el equipo de la universidad. 2. Antes escribía las cartas a mano. Ahora escribo el correo electrónico con la computadora. 3. Antes era gordito. Ahora soy delgado. 4. Antes tenía a mi familia cerca. Ahora tengo a mi familia lejos. 5. Antes estudiaba en mi habitación. Ahora estudio en la biblioteca. 6. Antes conocía a personas de mi ciudad. Ahora conozco a personas de todo el país.

10.2 Estructura

1 1. celebraba 2. llegó 3. miraba 4. Estaba 5. tenía 6. te enfermabas 7. sufrieron 8. perdimos

2 1. bailaba 2. bailó 3. escribí 4. escribía 5. era 6. fue 7. Hubo 8. había 9. vi 10. veía

3 1. dormían 2. cerró la ventana 3. compró una maleta 4. tomaban el sol

4 1. Ayer Clara fue a casa de sus primos, saludó a su tía y comió con ellos. 2. Cuando Manuel vivía en San José, conducía muchos kilómetros todos los días. 3. Mientras Carlos leía las traducciones, Blanca traducía otros textos. 4. El doctor terminó el examen médico y me recetó un antibiótico. 5. La niña tenía ocho años y era inteligente y alegre. 6. Rafael cerró todos los programas, apagó la computadora y se fue.

5 1. llegué 2. vivíamos 3. conocimos 4. teníamos 5. vimos 6. podíamos 7. conectó 8. miramos 9. caminábamos 10. dijo

6 1. ¿Dónde estaba Javier cuando llamé por teléfono? Javier estaba en la cocina. Lavaba los platos. 2. ¿Dónde estabas cuando don Francisco y yo fuimos al cine? Estaba en casa. Leía una revista. 3. ¿Dónde estaba tu hermano cuando empezó a llover? Mi hermano estaba en la calle. Paseaba en bicicleta. 4. ¿Dónde estaban ustedes cuando Álex vino a casa? Estábamos en el estadio. Jugábamos al fútbol. 5. ¿Dónde estaban Álex y Javier cuando los saludaste? Estaban en el supermercado. Hacían la compra.

7 Estaba pasando el verano en Alajuela, y era un lugar muy divertido. Salía con mis amigas todas las noches hasta tarde. Bailaba con nuestros amigos y nos divertíamos mucho. Durante la semana, trabajaba: daba clases de inglés. Los estudiantes eran alegres y se interesaban mucho por aprender. El día de mi compleaños conocí a un chico muy simpático que se llamaba Francisco. Me llamó al día siguiente y nos veíamos todos los días. Me sentía enamorada de él.

8 Ayer mi hermana y yo fuimos a la playa. Cuando llegamos, era un día despejado con mucho sol, y nosotras estábamos muy contentas. A las doce comimos unos sándwiches de almuerzo. Los sándwiches eran de jamón y queso. Luego descansamos y entonces nadamos en el mar. Mientras nadábamos, vimos a las personas que practicaban el esquí acuático. Parecía muy divertido, así que decidimos probarlo. Mi hermana fue primero, mientras yo la miraba. Luego fue mi turno. Las dos nos divertimos mucho esa tarde.

10.3 Estructura

1 1. se habla 2. se venden 3. se sirve 4. se recetan 5. se vive 6. se puede

2 1. Se prohíbe fumar. 2. Se venden periódicos. 3. Se habla español. 4. Se necesitan enfermeras. 5. No se debe nadar./Se prohíbe nadar. 6. Se busca un auto usado.

3 1. le 2. les 3. te 4. me 5. les 6. nos

síntesis

Answers will vary.

panorama

1 1. Nicaragua 2. Mar Caribe 3. San José 4. Océano Pacífico 5. Panamá

2 1. Falso. Los parques nacionales costarricenses se establecieron para la protección a los delicados ecosistemas de la región y la biodiversidad. 2. Cierto. 3. Falso. El café representa cerca del 15% de las exportaciones anuales de Costa Rica. 4. Cierto. 5. Falso. Costa Rica eliminó el ejército en 1948. 6. Falso. En 1948 Costa Rica hizo obligatoria y gratuita la educación para todos los costarricenses.

3 1. homogénea 2. el colón costarricense 3. ejército 4. Inglaterra 5. cultivando 6. democracia, estabilidad

4 1. A Marina se le cayó la bolsa. 2. A ti se te olvidó comprarme la medicina. 3. A nosotros se nos quedaron los libros en el auto. 4. A Ramón y a Pedro se les dañó el proyecto.

5 1. Se nos perdieron las llaves del auto. 2. Se les olvidó ponerse las inyecciones. 3. Se te cayeron los papeles del médico. 4. Se le rompió la pierna cuando esquiaba. 5. Se me dañó la cámara durante el viaje.

6 1. Se les dañó el coche. 2. Se les rompió la botella de vino. 3. Se me perdieron las llaves del hotel. 4. Se nos quedaron las toallas en la playa. 5. Se le olvidó estudiar para el examen en el avión.

10.4 Estructura

1 1. lentamente 2. amablemente 3. frecuentemente 4. alegremente 5. perfectamente 6. constantemente 7. normalmente 8. independientemente

2 1. a menudo 2. a tiempo 3. por lo menos 4. pronto 5. casi 6. bastante

3 1. así 2. bastante 3. menos 4. casi 5. por lo menos 6. a veces

4 Answers will vary.

4 Order of answers will vary. 1. cataratas 2. montañas 3. plantas exóticas 4. quetzales 5. monos 6. jaguares 7. armadillos 8. mariposas 9. Ofrece servicios médicos gratuitos a todos sus ciudadanos y también a los turistas. 10. En 1870 eliminó la pena de muerte. 11. En 1948 eliminó el ejército. 12. En 1948 hizo obligatoria y gratuita la educación para todos los costarricenses.

5 1. se mantiene 2. se estableció 3. se pueden 4. se empezó 5. se ofrecen 6. se eliminó

6 1. Centroamérica 2. volcanes, terremotos 3. huellas 4. igualdad, justicia 5. Solentiname 6. Casa de los Tres Mundos 7. Zapatera 8. Nicaragua

7 1. Honduras 2. río Grande 3. Managua 4. lago Nicaragua 5. océano Pacífico 6. Costa Rica

8 1. Managua 2. córdoba 3. español 4. Rubén Darío 5. Violeta Barrios de Chamorro 6. Daniel Ortega 7. Gioconda Belli 8. Ernesto Cardenal

9 **Horizontales:** 1. sociedad 2. Nicaragua 5. poeta 6. volcánica **Verticales:** 3. islas 4. cultural

contextos

1 1. la/una calculadora 2. una cámara de video 3. la página principal 4. la contestadora 5. Internet 6. la televisión por cable

2 1. El conductor del autobús manejaba lentamente por la nieve. 2. La impresora nueva imprimía los documentos muy rápido. 3. El mecánico de Jorge le revisaba el aceite al auto todos los meses. 4. El teléfono celular sonaba en la casa pero nadie lo cogía. 5. El carro viejo no arrancaba cuando llovía. 6. Algunos jóvenes estadounidenses navegaban en Internet de niños.

3 1. el monitor 2. la pantalla 3. el teclado 4. el ratón 5. la impresora 6. la calculadora 7. el disco compacto/el cederrón

4 1. Se usa la impresora para imprimir. 2. Se usan los frenos del coche para parar. 3. Se usa el *fax* para enviar documentos. 4. Se usa el volante para manejar el carro. 5. Se usa el control remoto para cambiar los canales del televisor. 6. Se usan las llaves del carro para arrancar el carro.

5 1. licencia de conducir 2. subí 3. lleno 4. aceite 5. taller mecánico 6. arrancar 7. calle 8. tráfico 9. parar 10. accidente 11. autopista 12. velocidad máxima 13. lento 14. policía 15. estacioné

estructura

11.1 Estructura

1 Compra un paquete de papel para la impresora. Ve al sitio web de la agencia de viajes y pide la información sobre nuestro hotel. Imprime la información. Termina de hacer las maletas. Revisa el aceite del carro. Comprueba que tenemos una llanta extra. Limpia el parabrisas. Llena el tanque de gasolina. Ven a buscarme a la oficina.

2 1. Mario, tráeme la cámara digital que te regaló Gema. 2. Natalia, escríbele un correo electrónico a tu abuela. 3. Martín, llámales por teléfono celular. 4. Gloria, haz la cama antes de salir. 5. Carmen, no revises el aceite hasta la semana que viene. 6. Lilia, enséñame a manejar.

3 Este invierno, dile adiós al frío y a la nieve. Descubre una de las más grandes maravillas naturales del mundo. Ve al Parque Nacional Iguazú en Argentina y visita las hermosas cascadas. Explora el parque y mira las más de 400 especies de pájaros y animales que viven ahí. Visita este santuario de la naturaleza en los meses de enero a marzo y disfruta de una temperatura promedio de 77° F. Para unas vacaciones de aventura, haz un safari por la selva o reserva una excursión por el río Iguazú. De noche, duerme en uno de nuestros exclusivos hoteles en medio de la selva. Respira el aire puro y prueba la deliciosa comida de la región.

4 1. Sí, habla por teléfono celular con tus amigos./No, no hables por teléfono celular con tus amigos. 2. Sí, maneja en la autopista./No, no manejes en la autopista. 3. Sí, estaciona por aquí./No, no estaciones por aquí. 4. Sí, saca tu licencia de conducir./No, no saques tu licencia de conducir. 5. Sí, baja por esta calle./No, no bajes por esta calle. 6. Sí, sigue el tráfico./No, no sigas el tráfico.

11.2 Estructura

1 1. por 2. para 3. por 4. para 5. para 6. por 7. para 8. para 9. por 10. por

2 1. por eso 2. por fin 3. por aquí 4. por ejemplo 5. por aquí 6. por eso

3 1. por 2. para 3. para 4. por 5. por 6. para

4 1. Ricardo y Emilia trajeron un pastel para su prima. 2. Los turistas llegaron a las ruinas por barco. 3. Tuve un resfriado por el frío. 4. Mis amigas ganaron dinero para viajar a Suramérica. 5. Ustedes buscaron a Teresa por toda la playa. 6. El avión salió a las doce para Buenos Aires.

5 1. para 2. para 3. por 4. para 5. para 6. por 7. por 8. por 9. por 10. por 11. para 12. para 13. para 14. por 15. para 16. por 17. por 18. por

11.3 Estructura

1 1. se ven 2. se encuentran 3. se quieren
4. nos saludamos 5. se ayudan 6. se llaman

2 1. se saludan 2. se abrazan 3. se ayudan
4. se besan 5. nos queremos 6. se despiden
7. nos llamamos 8. se encuentran

3 1. Ayer Felipe y Lola se enviaron mensajes por
correo electrónico. 2. Raúl y yo nos
encontramos en el centro de computación.
3. Mis abuelos se quisieron mucho toda la vida.
4. Los protagonistas de la película se abrazaron
y se besaron al final. 5. Esos hermanos se
ayudaron a conseguir trabajo.

4 1. se conocieron 2. se ven 3. se encuentran
4. se besaron 5. se dijeron 6. se ayudan 7. se
llaman 8. se entienden

5 1. conocieron 2. se conocieron 3. se saludaron
4. saludó 5. ayudaron 6. se ayudaron
7. vieron 8. se vieron

síntesis

Answers will vary.

panorama

1 1. "París de Sudamérica" 2. europeo
3. inmigrantes 4. africanas, italianas, españolas
5. porteños 6. independencia

2 1. guaraní 2. Mercedes 3. Patagonia
4. Inglaterra 5. Iguazú 6. provocativo

3 1. Gato Barbieri 2. Buenos Aires, Córdoba y
Rosario 3. Italia, Alemania, España e Inglaterra
4. Jorge Luis Borges 5. la Argentina, el
Paraguay y el Brasil 6. Evita Perón/María Eva
Duarte de Perón

4 1. el tango 2. las cataratas de Iguazú

5 1. Falso. La Argentina es el país de habla
hispana más grande del mundo. 2. Cierto.
3. Falso. Los idiomas que se hablan en la
Argentina son el español y el guaraní. 4. Cierto.
5. Falso. El tango es un baile con raíces
africanas, italianas y españolas. 6. Cierto.

11.4 Estructura

1 1. suyas 2. nuestra 3. suyas 4. suyos 5. suyo
6. nuestro 7. mía 8. tuyo

2 1. mía 2. suyo 3. míos 4. suyo 5. nuestra
6. suyos 7. tuyo 8. suyo

3 1. Sí, prefiero usar la mía. 2. Sí, quiero usar la
suya./Sí, quiero usar la nuestra. 3. Sí, guardé
los tuyos. 4. Sí, llené el suyo. 5. Sí, manejó el
nuestro./ Sí, manejó el suyo. 6. Sí, voy a
comprar el tuyo. 7. Sí, tengo el suyo. 8. Sí,
quemé los míos.

4 1. ¿Son de usted las gafas? Sí, son mías.
2. ¿Es de Joaquín el estéreo? Sí, es suyo.
3. ¿Es de ellos la impresora? Sí, es suya. 4. ¿Son
de Susana esos reproductores de DVD? Sí, son
suyos. 5. ¿Es de tu mamá el coche? Sí, es suyo.
6. ¿Son de ustedes estas calculadoras? Sí, son
nuestras.

6 **Suggested answers:** 1. Buenos Aires se conoce
como el "París de Sudamérica" por el estilo
parisino de sus calles y edificios. 2. La primera
dama de la Argentina hasta el 1952 fue María
Eva Duarte de Perón./La primera dama de la
Argentina hasta el 1952 fue Evita Perón. 3. Las
diferentes culturas de los inmigrantes a la
Argentina dejaron una huella profunda en la
música, el cine, el arte y la arquitectura de la
Argentina. 4. En un principio, el tango era un
baile provocativo y violento, pero se hizo más
romántico durante los 1940.

7 1. Río de la Plata 2. Punta del Este 3. carne de
res 4. mate 5. fútbol 6. treinta 7. Carnaval
8. Desfile de las Llamadas 9. Montevideo
10. Cristina Peri Rossi

8 1. Falso. Montevideo es una ciudad cosmopolita e intelectual. 2. Cierto. 3. Falso. El mate es una bebida de origen indígena que está muy presente en Uruguay. 4. Cierto. 5. Falso. El peso uruguayo es la moneda de Uruguay. 6. Cierto. 7. Falso. Uno de los mejores carnavales de Suramérica se celebra en Montevideo. 8. Falso. En el Desfile de las Llamadas se baila el candombe.

9 1. Río Uruguay 2. Río de la Plata 3. Argentina 4. Brasil 5. Océano Atlántico 6. Punta del Este 7. Montevideo

10 1. La mitad de los habitantes del Uruguay vive en Montevideo. 2. Algunos platos típicos son el asado, la parrillada y el chivito. 3. Montevideo es un destino popular gracias a sus hermosas playas. 4. El primer equipo de fútbol uruguayo se formó en 1891. 5. En el Carnaval de Montevideo participan casi todos los habitantes de la ciudad. 6. El candombe es un baile de tradición africana.

Workbook

contextos

1 1. Joaquín necesita una lavadora. 2. Clara necesita una secadora ahora. 3. Se necesita un lavaplatos. 4. Rita debe poner el agua en el congelador.

2 1. la cocina 2. la sala 3. la alcoba 4. la cocina 5. la alcoba 6. la cocina 7. la alcoba 8. la alcoba

3 1. Ramón sacaba la basura. 2. Rebeca hacía la cama. 3. Mi tío Juan pasaba la aspiradora. 4. Isabel sacudía los muebles.

4 1. sala 2. altillo 3. cocina 4. lavadora 5. pasillo/oficina 6. escalera

5 **Horizontales:** 4. vecino 5. balcón 6. mueble 8. lámpara 10. copa 11. vasos 14. manta
Verticales: 1. escalera 2. pinturas 3. alquilar 7. horno 9. mudarte 12. sofá 13. taza

estructura

12.1 Estructura

1 1. quien 2. que 3. quienes 4. quien/que 5. que 6. que 7. quienes 8. que

2 1. Lo que preparo en la cocina es el almuerzo. 2. Lo que busco en el estante es mi libro favorito. 3. Lo que me gusta hacer en verano es ir al campo. 4. Lo que voy a poner en el balcón es un sofá. 5. Lo que tengo en el armario es mucha ropa. 6. Lo que le voy a regalar a mi hermana es una cafetera.

3 1. que 2. Lo que 3. lo que 4. que

4 1. que 2. lo que 3. quienes 4. que 5. que/quienes 6. quien

5 1. que/quien 2. que 3. Lo que 4. quien 5. que 6. que/quien 7. quienes 8. lo que 9. que 10. quienes 11. que 12. lo que

6 1. Lo que Raúl dijo fue una mentira. 2. Lo que conseguiste fue enojar a Victoria. 3. Lo que Lilia va a comprar es una falda. 4. Lo que ellos preparan es una sorpresa. 5. Lo que a Teo y a mí nos gusta es la nieve.

12.2 Estructura

1 1. Lave 2. Salga 3. Diga 4. beba 5. Venga 6. se vaya 7. coman 8. Oigan 9. pongan 10. Traigan 11. Vean 12. Conduzcan

2 1. Traiga la aspiradora, por favor. 2. Arregle el coche, por favor. 3. Baje al sótano, por favor. 4. Apague la cafetera, por favor. 5. Venga a la casa, por favor.

3 Lea estas instrucciones para casos de emergencia. Si ocurre una emergencia, toque la puerta antes de abrirla. Si la puerta no está caliente, salga de la habitación con cuidado. Al salir, doble a la derecha por el pasillo y baje por la escalera de emergencia. Mantenga la calma y camine lentamente. No use el ascensor durante una emergencia. Deje su equipaje en la habitación en caso de emergencia. Al llegar a la planta baja, salga al patio o a la calle. Luego pida ayuda a un empleado del hotel.

4 1. No se sienten en la cama. 2. Límpielo ahora. 3. No me las laven mañana. 4. Sírvannoslos. 5. No las sacuda antes de ponerlas. 6. Búsquenselas. 7. No lo despierten a las ocho. 8. No se la cambie por otra. 9. No se los pidan a Martín. 10. Díganselo hoy.

12.3 Estructura

1 1. coman 2. estudiemos 3. mire 4. lean 5. escribas 6. pase

2 1. venga 2. ofrezca 3. almuercen 4. traduzca 5. conduzcas 6. ponga 7. traigas 8. vea 9. saquemos 10. hagan

3 1. Mi padre dice que es importante que yo esté contenta con mi trabajo. 2. Rosario cree que es bueno que la gente se vaya de vacaciones más a menudo. 3. Creo que es mejor que Elsa sea la encargada del proyecto. 4. Es importante que les des las gracias por el favor que te hicieron. 5. Él piensa que es malo que muchos estudiantes no sepan otras lenguas. 6. El director dice que es necesario que haya una reunión de la facultad.

4 1. Es importante que Nora piense las cosas antes de tomar la decisión. 2. Es necesario que entiendas la situación de esas personas. 3. Es bueno que Clara se sienta cómoda en el apartamento nuevo. 4. Es urgente que mi madre me muestre los papeles que llegaron. 5. Es mejor que David duerma antes de conducir la motocicleta. 6. Es malo que los niños les pidan tantos regalos a sus abuelos.

5 1. Sí, es necesario que traigan el pasaporte al aeropuerto./Sí, es necesario que traigamos el pasaporte al aeropuerto. 2. Sí, es urgente que hable con don Francisco. 3. Sí, es bueno que Javier vaya a visitar a su abuela todas las semanas. 4. Sí, es importante que Maite llame a Inés para darle las gracias. 5. Sí, es mejor que Álex sepa lo que le van a preguntar en el examen.

12.4 Estructura

1 1. escojas 2. estudie 3. sea 4. viajen 5. salgamos 6. nos quedemos

2 Te sugiero que busques una casa en un barrio seguro. Te insisto en que mires los baños, la cocina y el sótano. Te recomiendo que compares los precios de varias casas antes de decidir. Te aconsejo que hables con los vecinos del barrio.

síntesis

Answers will vary.

panorama

1 1. Rubén Blades 2. el Canal de Panamá 3. molas 4. coral

2 1. La moneda de Panamá, que se llama el balboa, es equivalente al dólar estadounidense. 2. El Canal de Panamá, que une a los océanos Atlántico y Pacífico, se empezó a construir en el 1903. 3. La tribu indígena de los kuna, que hace molas, es de las islas San Blas. 4. Panamá, que significa "lugar de muchos peces", es un sitio excelente para el buceo.

3 1. la ciudad de Panamá 2. Colón 3. Costa Rica y Colombia 4. el mar Caribe 5. el océano Pacífico 6. el Canal de Panamá 7. las islas San Blas 8. la playa Bluff

4 1. ciudad de Panamá 2. dólar estadounidense 3. el inglés 4. Atlántico y Pacífico 5. molas 6. ecológico

Paragraph for tourist brochure: Viaje en avión a la ciudad de Panamá, la capital de Panamá. Visite el país centroamericano, donde circulan los billetes de dólar estadounidense. Conozca a los panameños; la lengua natal del 14% de ellos es el inglés. Vaya al Canal de Panamá, que une los océanos Atlántico y Pacífico. Vea las molas que hace la tribu indígena cuna y decore la casa con ellas. Bucee en las playas de gran valor ecológico por la riqueza y diversidad de su vida marina.

3 1. José le ruega que escriba esa carta de recomendación. 2. Les aconsejo que vivan en las afueras de la ciudad. 3. La directora les prohíbe que estacionen frente a la escuela. 4. Me sugieres que alquile un apartamento en el barrio.

4 1. Marina quiere que yo traiga la compra a casa. 2. Sonia y yo preferimos buscar la información por Internet. 3. El profesor desea que nosotros usemos el diccionario. 4. Ustedes necesitan escribir una carta al consulado. 5. Prefiero que Manuel vaya al apartamento por mí. 6. Ramón insiste en buscar las alfombras de la casa.

5 1. Falso. El área de Panamá es aproximada al tamaño de Carolina del Sur. 2. Cierto. 3. Falso. La lengua natal del 14% de los panameños es el inglés. 4. Cierto. 5. Las molas tradicionales antes sólo se usaban como ropa pero hoy día también se usan para decorar las casas.

6 1. Claribel Alegría 2. Pacífico 3. La Libertad 4. surfing 5. 2.400 metros (7.900 pies) 6. Guatemala, Honduras, El Salvador 7. árboles 8. sorpresas 9. colón 10. Soyapango

7 1. Falso. El Salvador es el país centroamericano más pequeño. 2. Cierto. 3. Cierto. 4. Falso. La playa de La Libertad es un gran centro de surfing. 5. Falso. El Parque Nacional Montecristo tiene una humedad relativa del 100 por ciento. 6. Cierto. 7. Cierto. 8. Falso. En El Salvador se hablan el español, el náhuatl y el lenca.

8 1. el aeropuerto de Ilopango 2. las ruinas de Tazumal

9 1. Son pequeñas piezas de cerámica. 2. Es una playa que está cerca de la capital. 3. Es una poeta y novelista salvadoreña. 4. Es la capital salvadoreña.

10 1. Pacífico 2. puma 3. Ilobasco 4. Honduras

repaso lecciones 10–12

1 1. ¿Cuánto tiempo hace que trabajas para tu padre en la tienda?; para 2. ¿Cuánto tiempo hace que pasaron por la casa de Javier y Olga?; por 3. ¿Cuánto tiempo hace que compraste una blusa para tu hermana?; para 4. ¿Cuánto tiempo hace que Ana estudia italiano por correspondencia?; por

2 1. usaba 2. viajó 3. llamó, dormía 4. jugaban, hablaban 5. veía, vino 6. saludaba, estacionaba

3 1. Ayúdalos a traer la compra. 2. Practiquen el francés. 3. Búscame un disco compacto bueno. 4. Dígale lo que desea. 5. No sean malas

personas. 6. Salga antes de las cinco. 7. Come frutas y verduras. 8. Pare en la esquina.

4 1. Rita prefiere que el apartamento tenga dos baños. 2. Es importante que las mujeres vean al doctor todos los años. 3. La enfermera sugiere que los pacientes hagan ejercicio.

5 1. Se empieza 2. se ven 3. Se conoce 4. Se baila 5. se hacen 6. se hablan

6 Answers will vary.

contextos

1 1. cielo 2. desierto 3. volcán 4. valle 5. selva 6. sendero

2 1. Para resolver el problema de la deforestación de los bosques, tenemos que prohibir que se corten los árboles en algunas regiones. 2. Para resolver el problema de la erosión de las montañas, tenemos que plantar árboles y plantas. 3. Para resolver el problema de la falta de recursos naturales, tenemos que reciclar envases y latas. 4. Para resolver el problema de la contaminación del aire en las ciudades, tenemos que controlar las emisiones de los coches. 5. Para resolver el problema de la lluvia ácida, tenemos que reducir la contaminación del aire.

3 1. conservar 2. evitar 3. mejorar 4. reducir 5. dejar de 6. contaminar

4 1. ambiente 2. animales 3. cráter 4. nubes 5. piedras 6. pájaro 7. ecología 8. césped 9. pez 10. luna
Todas estas cosas forman parte de la **naturaleza**.

5 1. contaminación 2. resolver 3. respiramos 4. deforestación 5. árboles 6. población 7. mejorar 8. conservar 9. recurso natural 10. reducir/evitar 11. dejar de 12. evitar/reducir/resolver

estructura

13.1 Estructura

1 1. quiten 2. haya 3. estén 4. decidan 5. sea 6. mejore

2 1. Es triste que muchos ríos estén contaminados. 2. Es ridículo que algunas personas eviten reciclar. 3. Es una lástima que los turistas no recojan la basura. 4. Es extraño que la gente destruya el medio ambiente.

3 1. Ojalá que los países conserven sus recursos naturales. 2. Ojalá que este sendero nos lleve al cráter del volcán. 3. Ojalá que la población quiera cambiar las leyes de deforestación. 4. Ojalá que las personas reduzcan el uso de los carros en las ciudades. 5. Ojalá que los científicos sepan resolver el problema de la contaminación.

4 1. mi hermana salga los fines de semana 2. (yo) salga bien en el examen 3. la gente contamine el mundo en que vivimos 4. sus amigos se separen del sendero 5. tu novio espere mucho al ir de compras 6. las personas usen más agua de la necesaria 7. Roberto no sepa leer 8. los vecinos encuentren animales abandonados

5 1. Javier se alegra de que sus amigos reciclen los periódicos y los envases. 2. Los turistas se sorprenden de que el país proteja tanto los parques naturales. 3. Inés teme que algunas personas cacen animales en peligro de extinción. 4. Don Francisco siente que las playas de la ciudad estén contaminadas. 5. Álex y sus amigos esperan que el gobierno desarrolle nuevos sistemas de energía. 6. A Maite le gusta que mi primo recoja y cuide animales abandonados.

13.2 Estructura

1 1. sea 2. hagamos 3. sepa 4. llegue 5. vengan 6. pague

2 1. Es probable que haya muchas vacas en los campos de la región. 2. Es posible que el agua de esos ríos esté contaminada. 3. Quizás ese sendero nos lleve al lago. 4. Es imposible que el gobierno proteja todos los peces del océano. 5. Es improbable que la población reduzca el uso de envases. 6. Tal vez el desierto sea un lugar mejor para visitar en invierno.

3 1. es 2. tiene 3. diga 4. debemos 5. puedan 6. quieras 7. busque

4 1. No estoy seguro de que a Mónica le gusten los perros. 2. Es verdad que Ramón duerme muchas horas todos los días. 3. Rita y Rosa niegan que gaste mucho cuando voy de compras. 4. No cabe duda de que el aire que respiramos está contaminado. 5. Es obvio que a Martín y a Viviana les encanta viajar. 6. Es probable que tengamos que reciclar todos los envases.

5 1. No es cierto que las matemáticas sean muy difíciles. 2. El presidente no niega que el problema de la contaminación es bastante complicado. 3. Ana duda que él vaya a terminar el trabajo a tiempo. 4. Mis amigos están seguros (de) que esa película es excelente. 5. No cabe duda (de) que el español se usa más y más cada día. 6. No es seguro que Lourdes y yo podamos

Workbook

ir a ayudarte esta tarde. 7. El maestro no cree que Marcos escriba muy bien en francés. 8. No es verdad que Pedro y Virginia nunca coman carne.

13.3 Estructura

1 1. llegue 2. haya 3. ayudes 4. venga 5. invite 6. compres 7. vea 8. dé/des/demos/den 9. lea 10. sugiera

2 1. Me voy a poner ese/este abrigo hasta que el jefe me diga algo. 2. Rubén va a buscar a Marta tan pronto como salga de clase. 3. Juan y Susana se van de viaje en cuanto tengan vacaciones. 4. Ellos van a invitarnos a su casa después de que nosotros los invitemos. 5. Ramón va a trabajar aquí hasta que su esposa se gradúe. 6. Tu hermana puede pasar por mi casa cuando quiera. 7. Voy a tomar las pastillas hasta que me sienta mejor. 8. Julia va a reciclar estos envases tan pronto como regrese del almuerzo.

síntesis

Answers will vary.

panorama

1 1. Cierto. 2. Falso. La moneda de Colombia es el peso colombiano. 3. Falso. El Museo del Oro preserva orfebrería de la época precolombina. 4. Cierto. 5. Cierto. 6. Falso. Cartagena se conoce por el Festival de Música del Caribe y el Festival Internacional de Cine.

2 1. cambies, pesos colombianos 2. conduzcas; Bogotá 3. nades; Caribe 4. mires; iglesias (monasterios, palacios) y mansiones 5. vuelvas; los Andes 6. visites; orfebrería de la época precolombina 7. conozcas; García Márquez 8. escuches; Shakira

3 1. Bogotá 2. Cali 3. Cartagena (de Indias) 4. Barranquilla

4 **Suggested answers:** 1. Colombia tiene tres veces el área de Montana. 2. Panamá conecta a Colombia con Centroamérica. 3. Dos artistas colombianos que conozco son Edgar Negret (Gabriel García Márquez) y Shakira. 4. Las tribus

3 1. salga 2. termine 3. encontré 4. sea 5. llegues 6. recoja 7. entres 8. vea 9. fui 10. puedas

4 Answers will vary.

13.4 Estructura

1 1. aburrido 2. sentado 3. divertida 4. sorprendido 5. reciclados 6. muertos 7. contaminados 8. protegidos 9. hechos

2 1. están resueltos 2. está preparada 3. está vendida 4. está prohibido 5. está confirmada 6. están aburridos

3 1. El pavo está servido. 2. El cuarto está desordenado. 3. La cama está hecha. 4. Las niñas están dormidas.

4 1. escrito 2. conocida 3. abierta/cerrada 4. desordenado 5. roto 6. muerto 7. puestos 8. hecha 9. cerradas/abiertas 10. sorprendido 11. resuelto

indígenas tenían la creencia de que el oro era la expresión física de la energía creadora de los dioses. 5. Gabriel García Márquez publicó su primer cuento en 1947, cuando era estudiante universitario. 6. Las iglesias, monasterios, palacios y mansiones que se conservan en Cartagena son de la época colonial.

5 **Suggested answers:** 1. Los jicaque, los miskitos y los paya son pequeños grupos indígenas que mantienen su cultura sin influencias exteriores y que no hablan español. 2. En Honduras se hablan el español, el miskito y el garífuna. 3. Argentina Díaz Lozano es una escritora hondureña. 4. La cultura maya construyó la ciudad de Copán. 5. Las canchas de Copán eran para el juego de pelota. 6. La Standard Fruit Company intervino en la política hondureña por el poder económico que tenía en el país.

6 1. tercera ciudad de Honduras 2. juez y presidente de Honduras 3. sitio arqueológico maya y sitio arqueológico más importante de Honduras 4. templo que se encuentra en Copán 5. pintor primitivista hondureño 6. grupo de pintores que le daba importancia a las escenas de la vida diaria

7 1. Tegucigalpa 2. ciudades principales hondureñas 3. lempira 4. idiomas de Honduras 5. Roberto Sosa 6. Nueva Orleans

8 1. Falso. Todavía hay pequeños grupos indígenas que no hablan español. 2. Falso. Aproximadamente en 400 d.C., la ciudad de Copán era muy grande. 3. Cierto. 4. Falso. La comercialización de bananas empezó en Nueva Orleans. 5. Cierto.

9 1. La Ceiba 2. Nicaragua 3. Tegucigalpa 4. Lago de Yojoa 5. Laguna de Caratasca 6. Santa Fe

contextos

1 1. cajero automático 2. cuenta de ahorros 3. cheque 4. cuenta corriente 5. firmar 6. depositar

2 1. frutería 2. carnicería 3. lavandería 4. banco 5. joyería 6. correo 7. zapatería 8. supermercado

3 1. a plazos 2. al contado 3. con un préstamo 4. gratis 5. a plazos 6. gratis 7. al contado 8. a plazos/al contado 9. con un préstamo 10. al contado

4 1. supermercado 2. pescadería 3. panadería 4. frutería 5. lavandería 6. heladería 7. pastelería 8. joyería 9. carnicería 10. peluquería/salón de belleza

5 1. el estacionamiento (oeste) de la calle Miranda 2. la terminal 3. la Plaza Bolívar 4. la farmacia

estructura

14.1 Estructura

1 1. escriba 2. diga 3. pueda 4. digan 5. tengan 6. usen 7. reconozca 8. funcionen

2 1. sea 2. es 3. está 4. esté 5. queda 6. quede 7. tenga 8. tiene 9. van 10. vaya

3 1. Maite no conoce a ningún chico que estudie medicina. 2. Los padres de Álex no cuidan a ningún perro que proteja su casa. 3. Javier no tiene ningún pariente que escriba poemas. 4. Los Ayala no usan ningún coche que sea barato. 5. Don Francisco no trabaja con nadie/ninguna persona que conozca a su padre. 6. Inés no hace ningún plato ecuatoriano que sea delicioso.

4 1. hay un buzón que está en la plaza Bolívar 2. no conozco a nadie que sea abogado de inmigración 3. veo a alguien aquí que estudia conmigo en la universidad 4. no hay ninguna panadería que venda pan caliente cerca de aquí 5. tengo una compañera que va a ese gimnasio 6. no conozco a nadie en la oficina que haga envíos a otros países

5 1. lo quiere mucho 2. siempre nos digan la verdad 3. tiene muchos museos 4. abra hasta las doce de la noche

14.2 Estructura

1 1. Recojamos la casa hoy. 2. Vamos al dentista esta semana. 3. Depositemos el dinero en el banco. 4. Viajemos a Venezuela este invierno. 5. Salgamos a bailar este sábado. 6. Invitemos a los amigos de Ana.

2 1. Pasemos la aspiradora hoy. No pasemos la aspiradora hoy. 2. Pongamos la televisión. No pongamos la televisión. 3. Compartamos la comida. No compartamos la comida. 4. Hagamos las camas todos los días. No hagamos las camas todos los días.

3 1. Compremos zapatos italianos en el centro. 2. Conozcamos la historia del jazz. 3. Vámonos de vacaciones a las montañas. 4. Cortémonos el pelo en la peluquería de la calle Central. 5. Hagamos pasteles para los cumpleaños de nuestras amigas. 6. No salgamos de fiesta todas las noches. 7. Corramos al lado del río todas las mañanas. 8. No gastemos demasiado dinero en la ropa.

4 Llenemos este formulario cuando solicitemos el préstamo. Ahorremos dinero todos los meses hasta que paguemos el préstamo. No cobremos los cheques que nos lleguen; depositémoslos en la cuenta corriente. Depositemos el dinero que nos regalen cuando nos casemos. Pidámosle prestado a mi padre un libro sobre cómo comprar una vivienda. Busquemos un apartamento que esté cerca de nuestros trabajos. No vayamos al trabajo mañana por la mañana; vamos al banco a hablar con un empleado.

14.3 Estructura

1 Answers may vary. 1. Primero iremos a la peluquería. 2. Te compraré un helado. 3. Vendrá Carmen. 4. Volverán el domingo por la mañana.

2 1. seré 2. Descubriré 3. tendré 4. visitaremos 5. vendrás 6. abriré 7. tendrá 8. iré 9. lo recomendaré 10. podremos

3
1. Diego piensa que (ellos) estarán perdidos.
2. David piensa que Marcos vendrá pronto.
3. Carmen piensa que Marta tendrá problemas

con el tráfico. 4. Javier piensa que (ellos) trabajarán hasta tarde hoy.

4 Answers will vary.

síntesis

Answers will vary.

panorama

1
1. yanomami 2. Baruj Benacerraf 3. lago Maracaibo 4. los Estados Unidos
5. cosmopolita 6. Parque Central 7. España/la corona española 8. independentista

2 **Artistas venezolanos:** Rómulo Gallegos, Andrés Eloy Blanco, Teresa Carreño **Principales ciudades venezolanas:** Caracas, Maracaibo, Valencia, Maracay, Barquisimeto **Idiomas que se hablan en Venezuela:** español, arahuaco, caribe, yanomami **Países del área liberada por Simón Bolívar:** Venezuela, Colombia, Ecuador, Perú, Bolivia

3
1. un indígena/indio yanomami 2. Teresa Carreño 3. Simón Bolívar 4. James C. Angel

4 **Suggested answers:** 1. Es la moneda de Venezuela. 2. Cultura que tiene su centro en el sur de Venezuela, en el bosque tropical. Defiende sus tradiciones y costumbres con agresividad.
3. Recibió el Premio Nobel por sus investigaciones en la inmunología y las enfermedades autoinmunes. Nació en Caracas, vivió en París, y ahora reside en los Estados Unidos. 4. El lago más grande de América del Sur. Tiene debajo la mayor concentración de petróleo de Venezuela. 5. Las empresas petroleras venezolanas después de ser nacionalizadas y pasar a ser propiedad del estado. 6. Es la capital de Venezuela. Es una ciudad cosmopolita y moderna con rascacielos y excelentes sistemas de transporte. 7. Es el corazón de la ciudad de Caracas, una zona de centros comerciales, tiendas, restaurantes y clubes. 8. General nacido en Caracas, llamado "El Libertador" porque fue el líder del movimiento independentista sudamericano.

5
1. Lago de Maracaibo 2. Río Orinoco
3. Colombia 4. Caracas 5. Guyana 6. Brasil

6
1. Cierto. 2. Falso. La Fortaleza Ozama fue la primera fortaleza construida en las Américas. / La Fortaleza Ozama es la más vieja de las Américas. 3. Falso. Cuba y México fueron los primeros países hispanos en tener una liga de béisbol. 4. Cierto. 5. Cierto. 6. Falso. Entre 1930 y 1961, el merengue se popularizó en las ciudades y empezó a adoptar un tono más urbano. 7. Cierto. 8. Falso. La arquitectura de Santo Domingo es famosa por su belleza y por el buen estado de sus edificios.

7
1. español, criollo haitiano 2. Juan Pablo Duarte 3. Calle de las Damas 4. Caribe
5. Pedro Martínez 6. Juan Luis Guerra
7. La Vega 8. la capital/Santo Domingo

8
1. el merengue 2. el béisbol 3. los palos
4. Catedral Santa María la Menor

9
1. béisbol 2. Ozama 3. saxofón 4. cantante
5. merengue 6. Haití 7. Alcázar 8. colonial

Workbook

contextos

1 1. activo 2. descafeinado 3. débil 4. engordar/aumentar de peso 5. estar a dieta 6. tranquilo 7. aliviar la tensión/el estrés 8. (estar) en forma

2 1. estiramiento 2. descafeinadas 3. levantar pesas 4. teleadicto 5. Sudar 6. apurarse 7. masaje 8. drogadictos

3 1. hacer ejercicios de estiramiento 2. no consumir bebidas alcohólicas 3. llevar una vida sana 4. apurarse

4 **Bueno para la salud:** buena nutrición, comer comida sin grasa, dieta equilibrada, entrenarse, hacer ejercicios de estiramiento, hacer gimnasia, levantar pesas, llevar una vida sana, tomar vitaminas **Malo para la salud:** cafeína, colesterol, comer en exceso, consumir mucho alcohol, fumar, llevar una vida sedentaria, ser un drogadicto, ser un teleadicto, sufrir muchas presiones

5 1. Ponte a dieta. 2. Levanta pesas. 3. Haz ejercicios aeróbicos. 4. Deja de fumar. 5. Entrénate. 6. Come alimentos con más calorías/Come más.

6 1. proteínas 2. minerales 3. grasas 4. vitaminas 5. proteínas 6. grasas 7. vitaminas/minerales 8. vitaminas/minerales

estructura

15.1 Estructura

1 1. deberían 2. nos aconsejarías 3. empezaría 4. podríamos 5. Habría 6. harían 7. levantarían 8. podría 9. tendrías 10. te sentirías 11. evitaría 12. trataría 13. llevarían 14. se mantendrían

2 **Suggested answers:** 1. Yo estudiaría como él pero también levantaría pesas. 2. Yo trabajaría tanto como él pero también sufriría presiones y necesitaría aliviar el estrés. 3. Yo tendría una dieta tan sana como ellos pero también me gustaría comer carne de vez en cuando. 4. Yo me mantendría activo/a como ella pero también descansaría más tiempo y saldría a pasear por el parque.

3 1. ¿Me traería una copa de vino? 2. ¿Llamarías a Marcos esta tarde? 3. ¿Me aconsejaría un gimnasio barato y cerca de mi casa? 4. ¿Pedirías una toalla más grande? 5. ¿Nos recomendaría un buen nutricionista? 6. ¿Me buscarías en mi casa a las ocho?

4 1. Lola creyó que Carlos tendría tiempo para entrenar con ella. 2. Lisa y David dijeron que (ellos) dejarían de fumar la próxima semana. 3. Marta pensó que su novio adelgazaría un poco antes de las vacaciones. 4. Yo imaginé que el gimnasio estaría cerrado los domingos.

15.2 Estructura

1 1. han comido 2. He visto 3. han leído 4. ha tomado 5. Hemos ido 6. Has escrito

2 1. Roberto y Marta han jugado a las cartas. 2. Víctor ha escuchado música. 3.(Tú) Has escrito cartas/una carta. 4. Ricardo ha dormido. 5. (Yo) He buceado. 6. Claudia y yo hemos tomado el sol.

3 1. (Tú) Has conocido a varios bolivianos este año. 2. (Yo) He viajado por todos los Estados Unidos. 3. ¿(Ustedes) Han ido al museo de arte de Boston? 4. Virginia ha hecho trabajos muy buenos. 5. Los estudiantes han asistido a tres conferencias de ese autor. 6. Mi madre y yo hemos puesto la mesa todos los días.

4 1. Pedro y Natalia todavía no nos han dado las gracias. 2. Los estudiantes todavía no han contestado la pregunta. 3. Mi amigo Pablo todavía no ha hecho ejercicio. 4. Esas chicas todavía no han levantado pesas. 5. Tú todavía no has estado a dieta. 6. Rosa y yo todavía no hemos sufrido muchas presiones.

15.3 Estructura

1 1. había sido 2. había mirado 3. había comido 4. había pasado 5. habíamos encontrado 6. habíamos ido 7. había visto 8. había ido

9. habían quedado 10. había tenido 11. había lastimado 12. me había preocupado 13. había querido

2 1. Tu novia nunca antes había ido al gimnasio por la mañana. 2. Carmen nunca antes había corrido en la maratón de la ciudad. 3. Nunca antes había visitado los países de Suramérica. 4. Los estudiantes nunca antes habían escrito trabajos de veinte páginas. 5. Armando y Cecilia nunca antes habían esquiado en los Andes. 6. Luis y yo nunca antes habíamos tenido un

perro en casa. 7. Nunca antes habías conducido el coche de tu papá. 8. Ramón y tú nunca antes nos habían preparado la cena.

3 1. Cuando Lourdes llamó a Carla, Carla ya había salido. 2. Cuando tu hermano volvió a casa, ya habías terminado de cenar. 3. Cuando llegué a la escuela, la clase ya había empezado. 4. Cuando salimos a la calle, ya había empezado a nevar. 5. Cuando ellos fueron a las tiendas, las tiendas ya habían cerrado. 6. Cuando preparaste el almuerzo, yo ya había comido.

síntesis

Answers will vary.

panorama

1 1. España y Francia 2. los mestizos 3. altiplano 4. peso boliviano 5. el español, el aimará y el quechua 6. lago Titicaca 7. la zampoña y la quena 8. "Ciudad de los dioses" 9. los indígenas aimará/los aimará 10. La Puerta del Sol

2 1. Cierto. 2. Falso. Jesús Lara fue un escritor boliviano. 3. Falso. Bolivia no tiene costas (en el mar). 4. Falso. El lago Titicaca es el segundo lago más grande de Suramérica. 5. Falso. Según la mitología inca, los hijos del Dios Sol fundaron un imperio. 6. Cierto. 7. Falso. El charango es una pequeña guitarra andina./La quena es un tipo de flauta. 8. Cierto.

3 1. quechua y aimará 2. La Paz 3. Santa Cruz de la Sierra 4. Víctor Paz Estenssoro 5. andina 6. los Kjarkas

4 1. Titicaca 2. Cochabamba 3. quechua 4. Casazola 5. zampoña 6. totora 7. ceremonial 8. Kalasasaya

5 **Suggested answers:** 1. La lengua guaraní se usa con frecuencia en canciones, poemas, periódicos y libros. 2. El Teatro Guaraní se dedica a preservar la lengua y la cultura guaraníes. 3. Los encajes paraguayos se llaman ñandutí porque en guaraní significa telaraña y se llaman así porque imitan su trazado. 4. Muchos turistas visitan la represa porque está cerca de

las famosas Cataratas de Iguazú, y vienen atraídos por lo imponente de la construcción. 5. El río Paraná y el río Paraguay sirven de frontera entre Paraguay y Argentina. 6. El río Paraná tiene unos 3.200 km navegables, y por esta ruta pasan barcos de más de 5.000 toneladas que pueden ir desde el estuario del Río de la Plata hasta la ciudad de Asunción.

6 **Verticales:** estuario al final del río Paraná: Río de la Plata **central hidroeléctrica:** Itaipú **zona poco poblada del Paraguay:** Gran Chaco **un idioma del Paraguay:** guaraní **guitarrista paraguayo:** Barrios **río con 3.200 km navegables:** Paraná **encaje artesanal paraguayo:** ñandutí **una mujer de Paraguay:** paraguaya **Horizontales:** **lugar originario del ñandutí:** Itauá **capital de Paraguay:** Asunción **cuarta ciudad del Paraguay:** Lambaré **país que hace frontera con Paraguay:** Argentina

7 1. Paraguay y Argentina 2. blanco 3. Itauá 4. once años 5. 5.000

8 1. Cierto. 2. Falso. Josefina Plá es una famosa escritora y ceramista del Paraguay. 3. Cierto. 4. Falso. Las Cataratas de Iguazú están cerca de la represa de Itaipú. 5. Falso. En la zona del Gran Chaco viven pocos habitantes.

9 1. Itaipú 2. El ñandutí

repaso lecciones 13–15

1 1. Jorge espera que su madre consiga un trabajo pronto. 2. No negamos que la clase de matemáticas es difícil. 3. Es imposible que una casa nueva cueste tanto dinero. 4. Ustedes se alegran de que la fiesta se celebre cerca de su casa. 5. Es una lástima que Laura no pueda venir con nosotros.

2 1. Pongamos todos los documentos en el archivo. 2. No tomemos dos horas para almorzar. 3. Trabajemos horas extra si es necesario. 4. Lleguemos a tiempo por las mañanas. 5. Seamos amables con los clientes.

3 1. se vaya 2. suena 3. sea 4. oye 5. llames 6. dé

4 1. ha dado 2. habíamos pasado 3. he estudiado 4. han leído 5. había oído 6. han estado

5 1. hechos 2. escrita 3. descubierto 4. Nacido 5. convertido 6. visitado 7. ayudado 8. mantenido 9. conocida 10. usado

6 Answers will vary.

Workbook

Lección 1

1 Answers will vary.

2 1. está 2. usted 3. Qué 4. Son 5. unos 6. yo
7. los 8. soy 9. llamo 10. gusto 11. Yo
12. Con

3 1. Ecuador 2. España 3. Puerto Rico
4. México

4 1. Álex 2. Inés 3. Maite 4. Sra. Ramos 5. Sra.
Ramos 6. Sra. Ramos 7. Sra. Ramos 8. Álex
9. Javier 10. Sra. Ramos 11. Sra. Ramos
12. Javier 13. don Francisco 14. don Francisco
15. Sra. Ramos

5 Answers will vary.

6 Answers will vary.

Lección 2

1 Answers will vary.

2 1. Álex; Ricardo 2. Inés; Maite 3. Maite; Inés,
Javier 4. Maite; Inés 5. Álex; Javier

3 1, 3, 4, 5, 7, 10, 11, 12

4 1. cuatro 2. dos 3. dos 4. geografía
5. periodismo 6. Quito 7. tres 8. arte
9. computación 10. computadoras

5 1. Álex 2. Inés 3. Álex 4. Ecuador 5. Javier
6. Maite 7. Inés 8. San Juan

6 1. Alex: Hola, Ricardo...; la UNAM; ¡Qué
aventura! 2. Maite: ¡Adiós, Mitad del Mundo!;
periodismo; Radio Andina 3. Inés: cinco clases;
del Ecuador; estudiar mucho 4. Javier: de
Puerto Rico; dibujar; historia, computación, arte

7 Answers will vary.

Lección 3

1 Answers will vary.

2 1. tiene 2. bonita 3. tía 4. trabajador
5. delgado 6. vive

3 1, 5, 7, 9, 10

4 1. Cierto 2. Falso 3. Falso 4. Falso 5. Cierto

5 1. d 2. b 3. d 4. a 5. c 6. d 7. b 8. a

6 1. Inés tiene una familia grande. 2. No, Javier
no tiene hermanos. 3. La madre de Javier se
llama Margarita. 4. El sobrino de Inés tiene
diez años. 5. El abuelo de Javier es simpático y
trabajador.

7 Answers will vary.

Lección 4

1 Answers will vary.

2 1. Tienen 2. ir 3. vamos 4. hablar; tomar

3 3, 4, 6, 7, 8

4 1. energía 2. pasear 3. parque 4. escribir
5. corre 6. correr 7. practica 8. tomar

5 1. parque 2. cabañas 3. Correr 4. postales
5. ciudad 6. periódico 7. libre 8. Otavalo
9. aficionado 10. Madrid 11. café
12. ecuatoriano

6 Answers will vary.

7 Answers will vary.

Lección 5

1 Answers will vary.

2 1. don Francisco 2. Maite 3. Álex 4. Inés
5. Javier

3 5

4 1. hotel 2. cabañas 3. Quieren 4. descansar
5. bonita

5 1. Falso. Llegan a las cabañas. 2. Cierto
3. Falso. Inés y Javier están aburridos. 4. Cierto
5. Cierto 6. Cierto

6 Answers will vary.

7 Answers will vary.

Lección 6

1 Answers will vary.

2 1. f 2. d 3. b 4. a 5. c 6. e

3 2, 3, 6

4 1. Vendedor 2. Inés 3. Javier 4. Inés 5. Javier

5 1. libre 2. hermana 3. suéter 4. montañas
5. camisa; sombrero 6. talla

6 1. Javier compró un suéter. 2. Javier prefiere la
camisa gris con rayas rojas. 3 Inés compró una
bolsa para su hermana. 4. Javier quiere
comprar un suéter porque va a las montañas.

7 Answers will vary.

Lección 7

1 Answers will vary.

2 1. Javier 2. Javier 3. Álex 4. Álex 5. Javier

3 a. 3 b. 6 c. 2 d. 1 e. 5 f. 4

4 1. amigo 2. levantarme 3. me visto; despierto
4. fui 5. Me; corro

5 1. Álex está leyendo su correo electrónico cuando vuelve Javier del mercado. 2. Sí. Álex piensa que es ideal para las montañas. 3. Javier no puede despertarse por la mañana porque no duerme por la noche. 4. Álex va a levantarse a las siete menos cuarto. 5. El autobús sale a las ocho y media. 6. La crema de afeitar está en el baño.

6 Answers will vary.

7 Answers will vary.

Lección 8

1 Answers will vary.

2 1. Javier 2. señora Perales 3. señora Perales 4. don Francisco 5. Maite

3 3

4 1. recomienda 2. visitarla 3. Se 4. conocer 5. tortillas; camarón

5 1. señora Perales 2. Álex; don Francisco 3. señora Perales 4. Álex 5. señora Perales 6. señora Perales

6 1. El Cráter es un restaurante. 2. La señora Perales es la dueña del restaurante. 3. Maite pide un caldo de patas y lomo a la plancha. 4. Álex pide las tortillas de maíz y el ceviche de camarón. 5. De beber, todos piden jugo de piña, frutilla y mora. 6. La señora Perales dice que los pasteles de El Cráter son muy ricos.

7 Answers will vary.

Lección 9

1 Answers will vary.

2 a. 4 b. 1 c. 2 d. 3 e. 5

3 1. No 2. No 3. No 4. Sí

4 1. Javier 2. Maite 3. Inés 4. Álex

5 1. La señora Perales y el camarero le sirven un pastel de cumpleaños a Maite. 2. Los estudiantes le dejan una buena propina a la señora Perales. 3. Maite cumple los veintitrés años. 4. Los estudiantes toman vino. El conductor no puede tomar vino. 5. El cumpleaños de Javier es el primero de octubre. 6. El cumpleaños de Maite es el 22 de junio.

6 Answers will vary.

7 Answers will vary.

Lección 10

1 Answers will vary.

2 1. Javier 2. doctora Márquez 3. Javier 4. Javier 5. don Francisco

3 una paciente; una computadora; enfermeras; una radiografía; letreros; unos edificios; un microscopio

4 1. Javier; clínica 2. doctora Márquez; hace 3. Javier; duele 4. doctora Márquez; roto 5. Javier; tobillo

5 1. a 2. c 3. d 4. b 5. a 6. b

6 1. No, Javier no tiene fiebre. Sí, está un poco mareado. 2. Hace más de una hora que se cayó Javier. 3. La clínica donde trabaja la doctora Márquez se llama Clínica Villa Flora./Se llama Clínica Villa Flora. 4. No le gustaban mucho a don Francisco las inyecciones ni las pastillas./A don Francisco no le gustaban mucho las inyecciones ni las pastillas. 5. Sí, Javier va a poder ir de excursión con sus amigos.

7 Answers will vary.

Lección 11

1 Answers will vary.

2 ¿Quién habla?; Con el señor Fonseca, por favor.; ¡No me digas!; Viene enseguida.; No veo el problema.

3 calles; carros; una motocicleta; monumentos; taxis; una ambulancia

4 1. Inés 2. Javier 3. Javier 4. Álex 5. Javier

5 1. Álex llamó al señor Fonseca. 2. Inés aprendió a arreglar autobuses en el taller de su tío. 3. Inés descubre que el problema está en el alternador. 4. Javier saca la foto. 5. El asistente del señor Fonseca está escuchando la radio. 6. El autobús está a unos veinte kilómetros de la ciudad.

6 Answers will vary.

7 Answers will vary.

Lección 12

1 Answers will vary.

2 1. Falso 2. Cierto 3. Falso 4. Falso 5. Falso

3 balcones; puertas; apartamentos; una bicicleta; una vaca

4 Inés habla de la llegada de los estudiantes a la casa.; Inés dice que va a acostarse porque el guía llega muy temprano mañana.; Javier dice que los estudiantes van a ayudar a la señora Vives con los quehaceres domésticos.

5 1. c 2. a 3. b 4. c 5. b

6 1. El guía se llama Martín. 2. Javier puso su maleta en la cama. 3. La señora Vives es el ama de casa. 4. Don Francisco quiere que los estudiantes hagan sus camas. 5. Según don Francisco, los estudiantes deben acostarse temprano porque el guía viene muy temprano.

7 Answers will vary.

Lección 13

1 Answers will vary.

2 Hay un gran problema de contaminación en la ciudad de México.; En las montañas, la contaminación no afecta al río.; Es importante controlar el uso de automóviles.

3 un río; unas montañas; una flor; unas nubes; unos árboles

4 1. Maite; medio ambiente 2. Martín; sendero 3. Inés; lugares 4. Martín; contaminación 5. Maite; Espero

5 1. Falso. Maite dice que su carro es muy pequeño y no contamina mucho. 2. Falso. Martín dice que el río está contaminado cerca de las ciudades. 3. Falso. Maite piensa que el paisaje es muy hermoso. 4. Cierto 5. Falso. Martín dice que los estudiantes no deben tocar las flores y las plantas.

6 1. Sí, se pueden tomar fotos durante la excursión. 2. Según Javier, los paisajes de Puerto Rico son hermosos. 3. Deben recogerlos. 4. Va a usar el metro. 5. Según Álex, el aire de la capital de México está muy contaminado.

7 Answers will vary.

Lección 14

1 Answers will vary.

2 a. 5 b. 1 c. 3 d. 4 e. 2

3 1. excursión 2. aconsejo 3. banco 4. correo 5. supermercado

4 Maite sugiere que vayan ella y Álex al supermercado para comprar comida.; Maite le pregunta al joven si hay un banco por allí con cajero automático.; Álex y Maite toman un helado juntos.

5 1. c 2. a 3. b 4. a 5. c 6. d

6 Answers will vary.

7 Answers will vary.

Lección 15

1 Answers will vary.

2 1. Martín 2. Javier 3. Javier 4. Maite 5. don Francisco

3 una mujer que hace abdominales; un hombre que lleva pantalones cortos rojos; un hombre que levanta pesas

4 a. 3 b. 1 c. 5 d. 2 e. 4

5 1. Falso. Según Javier, es muy bonita el área donde hicieron la excursión. 2. Falso. Hicieron los ejercicios de estiramiento antes de la excursión. 3. Falso. Don Francisco dice que el grupo debe volver a la casa porque la señora Vives les ha preparado una cena especial. 4. Cierto 5. Cierto

6 Answers will vary.

7 Answers will vary.

Lección 1

PANORAMA: LOS ESTADOS UNIDOS

2 Answers will vary.

3 Check marks: 1, 2, 3, 4, 6, 7, 8, 10

4 Answers will vary. Possible answers: 1. En Estados Unidos hay más de 32 millones de hispanos. 2. La mayoría de los hispanos de Estados Unidos son de México, Puerto Rico, Cuba y la República Dominicana. 3. Pedro Martínez y Manny Ramírez son dos beisbolistas dominicanos. 4. En el estado de Nueva York hay muchas discotecas y estaciones de radio hispanas. 5. Wado y Latino Mix son dos de las estaciones de radio hispanas más populares en Manhattan. 6. Sí. Julia Álvarez es una escritora dominicana.

PANORAMA: CANADÁ

2 Answers will vary.

3 Check marks: 1, 2, 4, 5, 7, 8

4 1. Falso. Los hispanos en Montreal son de nacionalidad mexicana, chilena o salvadoreña. 2. Falso. En Montreal hay canales de televisión en español. 3. Cierto 4. Cierto. 5. Falso. Ella vive en un apartamento con sus dos hijas. 6. Falso. Ella pasa muchas horas en el laboratorio. 7. Falso. En su casa se mantienen muchas tradiciones bolivianas. 8. Cierto.

Lección 2

PANORAMA: ESPAÑA

2 Answers will vary.

3 c, d, e, b, f, a

4 Answers will vary. Possible answers: 1. encierros 2. comparsas

5 1. ferias 2. comparsas 3. antiguas 4. fiestas 5. pañuelos 6. toros 7. mitad 8. encierros 9. gigantes 10. calles 11. cabezas

Lección 3

PANORAMA: ECUADOR

2 Answers will vary. Possible answer: Tortuga grande.

3 Answers will vary.

4 1. d 2. h 3. f 4. g 5. c 6. b 7. e 8. a 9. i

5 Check marks: 1, 3, 4, 6, 8, 9, 10, 11

6 1. Las islas Galápagos están en el océano Pacífico. 2. Los científicos que viven en las islas estudian la diversa fauna y flora del archipiélago. 3. Los turistas observan a los animales, toman fotografías, escuchan a los guías y aprenden la importancia de los recursos naturales del archipiélago. 4. La Fundación Charles Darwin tiene proyectos para la conservación del ecosistema de todo el archipiélago. 5. Las tortugas son los animales más grandes que viven en el archipiélago. 6. Answers will vary. Possible answer: Estas islas tienen una fauna y flora muy diversa.

7 Answers will vary.

Lección 4

PANORAMA: MÉXICO

2 Answers will vary. Possible answer: The equinox happens twice a year, one day in the fall and one day in the spring. On these days, the length of day and night is equal because of the orbit of the Earth rotating on its axis around the sun.

3 **Lugares:** capital mexicana, ciudad, Latinoamérica, Teotihuacán, Valle de México. **Personas:** gente, hombres, jóvenes, mexicanos, mujeres, niños. **Verbos:** celebrar, escalar, hacen, tienen, van. **Adjetivos:** arqueológicos, importante, increíble, interesante, mexicanos, moderno.

4 Check marks: 1, 4, 5, 7

5 1. la capital mexicana 2. la celebración del equinoccio 3. sentir, manos 4. muy interesante 5. pasean

6 1. Falso. Las pirámides de Teotihuacán están en el Valle de México. 2. Cierto. 3. Cierto. 4. Falso. La gente prefiere ir a Teotihuacán en los días de fiesta. 5. Falso. La celebración del equinoccio empieza a las cinco de la mañana. 6. Falso. Las personas celebran la energía que reciben del sol todas las mañanas.

7 Answers will vary.

Lección 5

PANORAMA: PUERTO RICO

2 Answers will vary.

3 Check marks: 3, 4, 5, 7, 8, 10, 11, 12, 13, 15

4 1. El Viejo San Juan es el barrio más antiguo de la capital. 2. El Viejo San Juan es el centro artístico y cultural de Puerto Rico. 3. Muchos artistas locales venden sus creaciones en las calles. 4. En enero se celebra la Fiesta de la

Video Manual: Panorama cultural

Calle San Sebastián con conciertos, exposiciones especiales de arte y un carnaval. 5. En el Museo de las Américas presentan exposiciones relacionadas con la historia de Latinoamérica. 6. Todos los años, más de un millón de visitantes llegan al Centro de Información de Turismo del Viejo San Juan.

5 1. capital 2. coloniales 3. esculturas 4. promociona 5. galerías 6. exposición

6 Answers will vary.

Lección 6

PANORAMA: CUBA

2 Answers will vary.

3 Check marks: 1, 6, 7, 8, 9

4 1. La santería es una práctica religiosa animista muy común en países latinoamericanos. 2. Los santeros son las personas que practican la santería. 3. En las tiendas de santería venden instrumentos de música, imágenes y muchas otras cosas relacionadas con esta práctica. 4. Las personas visitan a los santeros para conversar con ellos. 5. Los Eggún son los hombres y mujeres importantes en la santería. 6. Cuando van a las casas de las personas los Eggún, las familias y sus amigos bailan música tradicional.

5 1. Falso. Cada diez minutos sale un barco de La Habana con destino a Regla. 2. Cierto. 3. Cierto. 4. Falso. Los santeros son personas importantes en su comunidad. 5. Cierto.

6 Answers will vary.

Lección 7

PANORAMA: PERÚ

2 Answers will vary.

3 Answers will vary.

4 1. Cierto. 2. Falso. El *sandboard* es un deporte nuevo de Perú. 3. Falso. *El sandboard* se practica en Ocucaje porque allí hay grandes dunas. 4. Cierto. 5. Falso. El camino Inca se puede completar en tres o cuatro días. 6. Cierto.

5 1. aventura 2. kilómetros 3. exuberante 4. pesca 5. llamas 6. excursión

6 Answers will vary.

Lección 8

PANORAMA: GUATEMALA

2 Answers will vary.

3 **Lugares:** calles, iglesias, mercado, monasterios, región **Personas:** habitantes, indígenas, mujeres **Verbos:** conocer, quieres, sentir **Adjetivos:** bonitas, colonial, espectaculares, grandes, vieja

4 Check marks: 1, 2, 4, 5, 6, 8, 9

5 1. alfombras 2. aire libre 3. fijo 4. regatear 5. atmósfera 6. indígenas

6 1. Cierto. 2. Cierto 3. Falso. En esta celebración muchas personas se visten con ropa de color morado. 4. Falso. En Antigua todavía hay ruinas de la vieja capital, hay muchas iglesias y monasterios de arquitectura colonial y se puede sentir la atmósfera del pasado. 5. Falso. Chichicastenango es más pequeña que Antigua. 6. Falso. Muchas iglesias y monasterios sobrevivieron al terremoto.

7 Answers will vary.

Lección 9

PANORAMA: CHILE

2 Answers will vary.

3 Answers will vary.

4 1. indígena 2. remoto 3. recursos 4. llega 5. característico 6. repartidas 7. atracción 8. escalan

5 Answers will vary.

Lección 10

PANORAMA: COSTA RICA

2 Answers will vary.

3 **Lugares:** bosque, Monteverde, playa, pueblos, Tortuguero **Personas:** guía, turistas, visitantes **Verbos:** entrar, pedir, permite, sacar **Adjetivos:** diferentes, exóticas, frágil, hermosos, nuboso

4 Check marks: 1, 4, 5, 6

5 1. conservan 2. entrar 3. acampan 4. prefieren 5. prohíbe

6 Answers will vary.

PANORAMA: NICARAGUA

2 **Lugares:** capital, laguna, pueblo, región **Personas:** autoridades, habitantes, políticos **Verbos** bailan, creían, deriva, significan, venden **Adjetivos:** artesanales, enojados, extensas, famosa, reciente, tradicionales

3 Check marks: 1, 2, 3, 6, 7, 10, 11, 12

4 1. e 2. b 3. d 4. c 5. a

5 1. El pueblo donde está situada la laguna de Masaya se llama Masaya. 2. El nombre Masaya se deriva de las palabras indígenas *mazalt* y *yan*. 3. La fiesta más importante que se celebra en Masaya es la fiesta de Torovenado. 4. Los habitantes se burlan de los políticos, las autoridades y la gente famosa. 5. A Masaya se le conoce como la capital del folklore nicaragüense por ser el centro más importante de artesanías del país. 6. Además de frutas y verduras, en el mercado venden muchos tipos de obras artesanales.

6 Answers will vary.

Lección 11

PANORAMA: ARGENTINA

2 1. exponen 2. cantante 3. pasos 4. género 5. surgió 6. salones de baile 7. extrañan

3 Check marks: 1, 2, 4, 5, 7, 8, 9, 10, 12

4 1. Falso. Alio dibuja una gráfica en el suelo para enseñar a bailar. 2. Cierto. 3. Falso. Alio es un artista que baila y pinta al mismo tiempo. 4. Falso. Alio pone pintura negra y su pareja pone pintura roja en sus zapatos. 5. Cierto. 6. Cierto.

5 1. género 2. surgió 3. Actualmente 4. toca 5. compositor 6. homenaje

6 Answers will vary.

PANORAMA: URUGUAY

2 Answers will vary.

3 1. ranchos ganaderos con pequeños hoteles. 2. las personas que trabajan en los ranchos. 3. tradiciones donde los participantes tienen que montar a caballo por varios días hasta un lugar en específico. 4. espectáculos del deporte de montar a caballo.

4 Answers will vary.

5 Answers will vary.

6 Answers will vary.

Lección 12

PANORAMA: PANAMÁ

2 Answers will vary.

3 1. hombre buceando 2. playa 3. surfing

4 1. b 2. d 3. f 4. e 5. c

5 1. Panamá tiene costas en el mar Caribe y en el océano Pacífico. 2. Las Perlas es un buen lugar para bucear porque allí hay miles de especies tropicales de peces y muchos arrecifes de corales y siempre hace mucho calor. 3. Los turistas llegan a la isla Contadora por barco o por avión. 4. Los indígenas kuna viven en las islas de San Blas. 5. Los mejores deportistas de *surfing* del mundo van a Santa Catarina.

6 Answers will vary.

PANORAMA: EL SALVADOR

2 **Lugares:** catedrales, ciudades, mercados, plazas, restaurantes, Valle de México **Comida:** arepas, cebolla, maíz, postre, queso, sal, tamales **Verbos:** comenzaron, usa, vivían **Adjetivos:** buena, centrales, comerciales, importante, tradicionales

3 Check marks: 2, 3, 6, 8, 9, 11, 12

4 1. maíz 2. postre 3. pupusas 4. aceite 5. fuente 6. símbolo

5 Answers will vary.

6 Answers will vary.

Lección 13

PANORAMA: COLOMBIA

2 1. Se llama el Carnaval de Barranquilla. 2. Vive en el Parque Nevado del Huila.

3 1. a 2. c 3. d 4. b 5. e 6. f

4 1. flor 2. el cóndor 3. Amazonas 4. reserva 5. campesinos 6. carrozas

5 Answers will vary.

PANORAMA: HONDURAS

2 Answer will vary.

3 Check marks: 3, 5, 7, 8, 9, 10

4 1. d 2. b 3. c 4. c 5. a 6. c 7. a 8. c

5 Answers will vary.

6 Answer will vary.

Lección 14

PANORAMA: VENEZUELA

2 Answers will vary.

3 Check marks: 1, 4, 6, 8, 9, 10, 11, 12

4 1. Falso. Porlamar es la capital comercial de la isla Margarita. 2. Cierto 3. Cierto. 4. Cierto. 5. Falso. Según la mitología piaroa el tepuy Autana representa el árbol de la vida. 6. Falso. La isla Margarita es conocida como la Perla del Caribe.

5 1. fuertes 2. islas 3. marina 4. clase
5. verticales, planas 6. teleférico

6 Answers will vary.

PANORAMA: LA REPÚBLICA DOMINICANA

2 Answers will vary.

3 Check marks: 1, 3, 4, 6, 7, 8, 9, 10

4 1. música 2. calles 3. África 4. merengue
5. independencia 6. muy

5 1. d 2. a 3. e 4. b 5. c

6 3. Los ritmos más populares de la República
Dominicana, la bachata y el merengue, son
producto de varias culturas y forman parte
integral de la vida de los dominicanos.

7 Answers will vary.

Lección 15

PANORAMA: BOLIVIA

2 Answers will vary.

3 Answers will vary.

4 1, 3, 4, 7, 8, 10, 11, 12

5 1. sur 2. buena 3. malo 4. estrés 5. conservar
6. desierto

6 Answers will vary.

PANORAMA: PARAGUAY

2 Answer will vary.

3 i, e, b, h, j, g, c, a, f, d

4 Answers will vary.

5 Answers will vary. Possible answers: 1. El mate
es una bebida que se hace con las hojas de la
yerba mate. 2. El mate es típico en Paraguay,
Argentina, y Uruguay. 3. La usaban para
asegurar la salud, la vitalidad y la longevidad
de su tribu. 4. Hoy en día el mate se usa
como fuente de energía y como suplemento
alimenticio por personas que quieren adelgazar.
5. Era ilegal tomar mate porque se temían sus
efectos estimulantes. 6. El mate tiene vitaminas,
minerales y antioxidantes.

6 Answers will vary.

contextos

1   1. *Leave-taking*   2. *Introduction*   3. *Greeting*   4. *Greeting*   5. *Leave-taking*   6. *Introduction*

2   a. 2   b. 3   c. 1

pronunciación

3   1. Gonzalo Salazar.   2. Filomena Díaz.   3. Cecilia Romero.   4. Francisco Lozano.   5. Jorge Quintana.
     6. María Inés Peña.

estructura

1.1 Estructura

1   1. *feminine*   2. *masculine*   3. *feminine*   4. *masculine*   5. *masculine*   6. *masculine*   7. *feminine*   8. *feminine*

4   un diccionario, un **diario,** **unos** cuadernos, **una** grabadora, **un** mapa de **México,** **unos** lápices

1.2 Estructura

1   Juego 1: *The following numbers should be marked*: 3, 5, 25, 6, 17, 12, 21
     Juego 2: *The following numbers should be marked*: 0, 30, 10, 2, 16, 19, 28, 22

3   1. $19 + 11 = 30$ 2. $15 - 5 = 10$ 3. $8 + 17 = 25$ 4. $21 - 12 = 9$ 5. $3 + 13 = 16$ 6. $14 + 0 = 14$

1.3 Estructura

1   1. nosotros   2. yo   3. tú   4. él   5. ellos   6. nosotros

3   1. b   2. a   3. b   4. a   5. a   6. b

5   1. Se llama Roberto Salazar.   2. Se llama Adriana Morales.   3. Es de California/Es de los Estados Unidos.
     4. Es de San Juan, Puerto Rico.   5. Roberto es estudiante.   6. Adriana es profesora.

1.4 Estructura

1   1. Cierto   2. Falso   3. Cierto   4. Falso   5. Falso   6. Cierto

3   1. 12:00 P.M.   2. 9:15 A.M.   3. 8:30 A.M.   4. 3:45 P.M.   5. 10:50 A.M.   6. 1:55 P.M.

contextos

1 1. Falso 2. Cierto 3. Cierto 4. Falso 5. Falso 6. Cierto

pronunciación

4 **JUAN** Buenos días. Soy Juan Ramón Montero. Aquí estamos en la Universidad de Sevilla con Rosa Santos. Rosa es estudiante de ciencias. Rosa, tomas muchas clases, ¿no? **ROSA** Sí, me gusta estudiar. **JUAN** ¿Te gusta la clase de biología? **ROSA** Sí, es muy interesante.

estructura

2.1 Estructura

1 1. él 2. ellos 3. tú 4. yo 5. nosotros 6. tú 7. ellos 8. nosotros

4 1. estudiamos 2. estudia 3. desea 4. tomo 5. cantar 6. bailar 7. canto 8. caminan 9. cantan

2.2 Estructura

1 1. a 2. b 3. a 4. a 5. a 6. b 7. a 8. b

3 1. Lógico 2. Ilógico 3. Ilógico 4. Lógico 5. Ilógico 6. Lógico

4 1. Está en Madrid (España). 2. Ofrecen español, historia de arte y literatura. 3. Practican el español día y noche. 4. Viajan a Toledo y Salamanca.

2.3 Estructura

1 1. Falso 2. Falso 3. Cierto 4. Falso 5. Cierto 6. Cierto 7. Cierto 8. Falso

3 1. está 2. es 3. es 4. Somos 5. está 6. eres 7. están 8. Son

2.4 Estructura

1 1. 585-9115 2. 476-4460 3. 957-0233 4. 806-5991 5. 743-7250 6. 312-3374 7. 281-4067 8. 836-5581

3 **Para:** Carmen **De parte de:** Antonio Sánchez **Teléfono:** 785-6259 **Mensaje:** Hay un problema con la computadora. Él está en la residencia.

contextos

1 1. b 2. a 3. a 4. a 5. a 6. b 7. b 8. b
3 a. 4 b. 3 c. 1 d. 2

pronunciación

4 1. Carlos Crespo es mi medio hermano. 2. El padre de Carlos es Emilio Crespo. 3. Es italiano. 4. Mi padre es Arturo Molina. 5. Carlos estudia administración de empresas. 6. Yo estudio ciencias. 7. Diana es la novia de Carlos. 8. Somos compañeras y amigas.

estructura

3.1 Estructura

4 1. bonita 2. simpática 3. inteligente 4. tonto 5. simpático 6. trabajador 7. alta 8. morena 9. vieja 10. buena
5 1. Falso 2. Falso 3. Cierto 4. Falso 5. Cierto 6. Cierto 7. Falso

3.2 Estructura

1 1. *our* 2. *his* 3. *my* 4. *their* 5. *your* (familiar) 6. *her* 7. *my* 8. *our*
2 1. a 2. a 3. b 4. b 5. b 6. a 7. a 8. b

3.3 Estructura

1 1. nosotros 2. él 3. ellos 4. yo 5. tú 6. ellos
4 a. 2 b. 4 c. 1 d. 3

3.4 Estructura

4 1. b 2. b 3. a 4. a 5. b 6. a
5 1. Falso 2. Cierto 3. Falso 4. Cierto 5. Falso 6. Falso

contextos

1 1. b 2. f 3. e 4. c 5. g 6. d

2 1. b 2. b 3. a 4. a

3 1. parque 2. centro 3. Ciudad 4. domingos 5. familias 6. deportes 7. baloncesto 8. ciclismo 9. pasean
10. museos 11. Monumento

pronunciación

4 1. México es un país muy grande. 2. Los mexicanos son simpáticos y trabajadores. 3. Muchos turistas
visitan Acapulco y Cancún. 4. Cancún está en la península de Yucatán. 5. Yo soy aficionada a los
deportes acuáticos. 6. En mi tiempo libre me gusta nadar y bucear.

estructura

4.1 Estructura

1 1. nosotros/as 2. él/ella 3. tú 4. ellos/ellas 5. yo 6. él/ella

4 1. Falso 2. Cierto 3. Cierto 4. Falso 5. Falso 6. Cierto

4.2 Estructura

1 1. preferir 2. encontrar 3. pensar 4. dormir 5. perder 6. recordar 7. cerrar 8. empezar

3 1. Puedo ver el Ballet folklórico en el Palacio de Bellas Artes. 2. El concierto en Chapultepec empieza a la
una de la tarde. 3. El Museo de Arte Moderno cierra a las seis. 4. México y Guatemala juegan en la Copa
Internacional de Fútbol el viernes. 5. El campeonato de baloncesto comienza a las siete y media.

4.3 Estructura

1 1. piden 2. excursión 3. diversión 4. repiten 5. quieren 6. consiguen 7. estar 8. seguir

2 1. a 2. b 3. a 4. a 5. b 6. b 7. a 8. a

3 1. Paola quiere una revista de ciclismo. 2. Paola repite porque Miguel no entiende bien. 3. No, no puede
hacerlo. 4. Puede conseguir la revista en la tienda de deportes.

4.4 Estructura

1 1. b 2. a 3. b 4. b

3 1. la televisión 2. jugar al tenis 3. traen/van a traer 4. repite, oye (bien) 5. a las cuatro

contextos

1 1. la cabaña 2. julio 3. la cama 4. enero 5. confirmar 6. la playa 7. el tren
8. verano

2 1. b 2. b 3. a

3 1. Falso 2. Cierto 3. Falso 4. Cierto 5. Cierto

4 1. b 2. b 3. a 4. b 5. a 6. b 7. a

pronunciación

4 1. Noventa turistas van en barco por el Caribe. 2. Visitan muchos lugares bonitos. 3. Los viajeros bailan, comen y beben. 4. Ellos vuelven de su viaje el viernes.

estructura

5.1 Estructura

1 1. b 2. a 3. b 4. b

4 1. b 2. a 3. a 4. b

5.2 Estructura

1 1. a 2. b 3. a 4. a 5. b 6. a

5.3 Estructura

1 1. está 2. Están 3. Es 4. Es 5. Está 6. Está

4 1. Ilógico 2. Lógico 3. Ilógico 4. Ilógico 5. Ilógico 6. Lógico

5 1. Ponce está en Puerto Rico. Está cerca del mar Caribe. 2. Está lloviendo. 3. El Parque de Bombas es un museo. 4. Hoy es martes. 5. No va al Parque de Bombas hoy porque está cerrado.

5.4 Estructura

1 1. b 2. a 3. a 4. b 5. a 6. b 7. a 8. b

contextos

1 1. Lógico 2. Lógico 3. Ilógico 4. Lógico 5. Lógico 6. Ilógico 7. Ilógico 8. Lógico

2 1. a 2. b 3. b 4. a 5. a 6. a

4 1. Diana es la clienta. 2. No, no venden ropa para hombres en la tienda. (No, sólo venden ropa para mujeres.) 3. Va a comprar una falda y una blusa. 4. Puedes (Usted puede) comprar guantes, pero no puedes (puede) comprar calcetines.

pronunciación

4 1. Teresa y David toman el autobús al centro comercial. 2. Teresa desea comprar una chaqueta y un cinturón rosado. 3. David necesita una corbata verde y unos pantalones cortos. 4. Van a una tienda de ropa donde encuentran todo.

estructura

6.1 Estructura

1 1. Cierto 2. Falso 3. Falso 4. Cierto 5. Falso 6. Cierto

2 1. 534 2. 389 3. 1.275 4. 791 5. 2.164.000 6. 956 7. 15.670 8. 142 9. 694

4 **Pasaje de avión:** $619 **Barco:** $708 **Excursiones:** $225 **Total:** $1552

6.2 Estructura

1 1. b 2. a 3. a 4. b 5. a 6. b

4 1. Gustavo es el novio de Norma. 2. Está comprándole (Le está comprando) una falda a Norma. 3. Le preguntó qué talla usa Norma. (Le preguntó la talla de Norma.) 4. Le prestó dinero porque la falda es cara. 5. Va a regalarle (Le va a regalar) la falda esta noche.

6.3 Estructura

1 1. *Preterite* 2. *Present* 3. *Preterite* 4. *Present* 5. *Present* 6. *Preterite* 7. *Preterite* 8. *Preterite*

4 **Tareas completadas:** Compró el pasaje de avión. Encontró su pasaporte. Preparó la maleta. Decidió no llevar la mochila. **Tareas que necesita hacer:** Necesita confirmar la reservación para el hotel con la agente de viajes. Necesita leer el (su) libro sobre Cuba.

6.4 Estructura

1 1. *this* 2. *that* 3. *these* 4. *that*

5 1. Falso 2. Falso 3. Cierto 4. Cierto

contextos

1 1. b 2. b 3. a 4. a

3 1. Falso 2. Falso 3. Cierto 4. Cierto

pronunciación

4 1. Ramiro y Roberta Torres son peruanos. 2. Ramiro es pelirrojo, gordo y muy trabajador. 3. Hoy él quiere jugar al golf y descansar, pero Roberta prefiere ir de compras. 4. Hay grandes rebajas y ella necesita un regalo para Ramiro. 5. ¿Debe comprarle una cartera marrón o un suéter rojo? 6. Por la tarde, Ramiro abre su regalo. 7. Es ropa interior.

estructura

7.1 Estructura

1 1. a 2. b 3. a 4. b

3 1. b 2. a 3. b

7.2 Estructura

1 1. Ilógico 2. Lógico 3. Lógico 4. Ilógico 5. Lógico 6. Ilógico 7. Lógico 8. Lógico

2 1. sino 2. pero 3. sino 4. sino 5. pero 6. sino 7. pero 8. pero

5 1. Cierto 2. Cierto 3. Falso 4. Cierto 5. Cierto

7.3 Estructura

1 1. ir 2. ser 3. ir 4. ir 5. ir 6. ser 7. ser 8. ir

4 1. Carlos fue al estadio. 2. El partido fue estupendo porque su equipo favorito ganó. 3. Katarina y Esteban fueron al cine. 4. Esteban se durmió durante la película.

7.4 Estructura

1 1. a 2. a 3. a 4. a 5. b 6. b

4 **Le gusta:** nadar (la natación), ir de excursión al campo, el cine **No le gusta:** el tenis, el sol, ir de compras
Pregunta: Los chicos van a quedarse (se van a quedar) en casa esta tarde.

contextos

1 1. pescado 2. bebida 3. verdura 4. pescado 5. carne 6. fruta 7. carne 8. bebida

2 a. 4 b. 6 c. 9 d. 1 e. 7 f. 3 g. 10 h. 2 i. 8 j. 5

3 SEÑORA **Primer plato:** ensalada de lechuga y tomate **Plato principal:** hamburguesa con queso **Verdura:** papas fritas **Bebida:** agua mineral SEÑOR **Primer plato:** sopa de verduras **Plato principal:** pollo asado **Verdura:** arvejas y zanahorias **Bebida:** agua mineral

pronunciación

4 1. Catalina compró mantequilla, chuletas de cerdo, refrescos y melocotones en el mercado. 2. Ese señor español quiere almorzar en un restaurante francés. 3. El mozo le recomendó los camarones con arroz. 4. En mi casa empezamos la comida con una sopa. 5. Guillermo llevó a Alicia al Café Azul anoche.

estructura

8.1 Estructura

1 1. *Present* 2. *Present* 3. *Preterite* 4. *Present* 5. *Present* 6. *Preterite* 7. *Preterite* 8. *Preterite*

4 1. Falso 2. Cierto 3. Falso 4. Falso 5. Cierto 6. Cierto

8.2 Estructura

1 1. b 2. a 3. a 4. b 5. b 6. a

4 1. Cierto 2. Falso 3. Cierto 4. Falso 5. Falso 6. Falso

8.3 Estructura

1 1. Conozco 2. Saben 3. Conocemos 4. Conozco 5. Sé 6. Sabes

4 1. Falso 2. Cierto 3. Falso 4. Falso 5. Cierto 6. Cierto

5 1. a 2. a 3. b 4. a

8.4 Estructura

1 1. b 2. a 3. b 4. a 5. b

Lab Manual

contextos

1 1. Ilógico 2. Lógico 3. Lógico 4. Ilógico 5. Ilógico 6. Lógico 7. Lógico 8. Ilógico

2 1. c 2. b 3. a 4. c

3 1. La fiesta es para Martín, su hijo. 2. La fiesta es el viernes a las ocho y media. 3. Es el cumpleaños de Martín. (Martín cumple veintiún años.) 4. La familia y los amigos de Martín van a la fiesta. 5. Los invitados van a cenar, a bailar y a comer pastel.

pronunciación

4 Mirta, sabes que el domingo es el aniversario de bodas de Héctor y Ángela, ¿no? Sus hijos quieren hacerles una fiesta grande e invitar a todos sus amigos. Pero a Ángela y a Héctor no les gusta la idea. Ellos quieren salir juntos a algún restaurante y después relajarse en casa.

estructura

9.1 Estructura

1 1. a 2. b 3. a 4. a 5. b 6. a 7. b 8. a

4 1. Supe 2. vinieron 3. dijo 4. condujeron 5. quedaron 6. hice 7. contestaron 8. pude 9. llamaron 10. preguntaron 11. dije

9.2 Estructura

1 1. nosotros 2. ella 3. yo 4. tú 5. ellos 6. yo 7. ellos 8. ella

3 1. Falso 2. Falso 3. Cierto 4. Cierto 5. Falso

4 1. No pudo salir con Pedro porque pasó toda la noche estudiando/con los libros. 2. Supo que Pedro salió con Mónica anoche. 3. Se puso muy enojada. 4. Le dijo que supo que el domingo salió con Mónica.

9.3 Estructura

1 1. Ilógico 2. Lógico 3. Ilógico 4. Lógico 5. Ilógico 6. Ilógico 7. Lógico 8. Lógico

4 1. a 2. c 3. c 4. a 5. b

9.4 Estructura

3 1. Necesitan comprar jamón, pan, salchicha y queso. 2. Alfredo quiere ir a la fiesta con Sara. 3. Ella no quiere ir con él porque está enojada. 4. Sara va con Andrés. 5. Quieren comprar algo especial para Alfredo.

contextos

1 **Lugares:** la sala de emergencia, la farmacia, el consultorio   **Medicinas:** la aspirina, la pastilla, el antibiótico   **Condiciones y síntomas médicos:** la infección, el resfriado, la gripe, la fiebre

2 1. b 2. b 3. a 4. b

pronunciación

4 1. Esta mañana Cristina se despertó enferma. 2. Le duele todo el cuerpo y no puede levantarse de la cama. 3. Cree que es la gripe y va a tener que llamar a la clínica de la universidad. 4. Cristina no quiere perder otro día de clase, pero no puede ir porque está muy mareada. 5. Su compañera de cuarto va a escribirle un mensaje electrónico a la profesora Crespo porque hoy tienen un examen en su clase.

estructura

10.1 Estructura

1 1. c 2. b 3. c 4. a 5. b 6. c 7. b 8. c 9. a 10. b

4 1. Sufría 2. estornudaba 3. Pensaba 4. tenía 5. sentía 6. iba 7. molestaba 8. decían 9. tenía 10. era 11. había 12. sentía 13. sabía

10.2 Estructura

1 1. (P) tomó, (I) estaba 2. (P) lastimé, (I) jugaba 3. (I) tenía, (I) estudiaba 4. (I) estábamos, (P) llegó 5. (P) dolió, (P) sacó 6. (P) fui, (P) recetó 7. (I) dolían, (I) era 8. (P) llevó, (I) dolía

3 1. Falso 2. Falso 3. Cierto 4. Falso 5. Falso 6. Cierto

10.3 Estructura

1 1. b 2. a 3. a 4. b 5. a 6. a

3 **Under the sign with the arrow:** (3.) Se sale por la derecha. **Under the sign with the skeletal hand:** (4.) ¡No se puede hacer radiografías a mujeres embarazadas! Favor de informar a la enfermera si piensa que está embarazada. **Under the Agencia Real sign:** (1.) Se venden casas y apartamentos. Precios razonables. **Under the no smoking sign:** (2.) ¡Nos preocupamos por su salud! Se prohíbe fumar en el hospital.

10.4 Estructura

1 1. c 2. a 3. b 4. a 5. c 6. b

4 1. b 2. c 3. a 4. b

contextos

1 1. la velocidad 2. funcionar 3. el sitio Web 4. el ratón 5. el parabrisas, el mecánico 6. el archivo, la llanta

2 1. Ilógico 2. Lógico 3. Ilógico 4. Lógico 5. Lógico 6. Ilógico

3 1. a 2. b 3. a 4. a

pronunciación

4 El sábado pasado Azucena iba a salir a bucear con Francisco. Se subió al carro e intentó arrancarlo, pero no funcionaba. El carro tenía gasolina y, como revisaba el aceite con frecuencia, sabía que tampoco era eso. Decidió tomar un autobús cerca de su casa. Se subió al autobús y comenzó a relajarse. Debido a la circulación llegó tarde, pero se alegró de ver que Francisco estaba esperándola.

estructura

11.1 Estructura

1 1. No 2. No 3. Sí 4. Sí 5. Sí 6. No 7. No 8. Sí 9. No 10. Sí

4 1. Usa el transporte público. 2. Compra un carro más pequeño. 3. Habla menos por teléfono. 4. Cancela la televisión por cable. 5. Apaga las luces, la televisión y la computadora. 6. Vende tu teléfono celular.

11.2 Estructura

1 1. para 2. para 3. por 4. por 5. por 6. por 7. para 8. por

3 1. a 2. a 3. a 4. b

11.3 Estructura

1 1. a 2. b 3. a 4. a 5. b 6. a 7. a 8. b

3 1. a 2. c 3. b 4. b 5. b 6. a 7. a 8. c

11.4 Estructura

1 1. *mine* 2. *yours* 3. *his* 4. *theirs* 5. *ours* 6. *mine* 7. *yours* 8. *hers*

3 1. Cierto 2. Falso 3. Falso 4. Cierto 5. Falso 6. Falso

contextos

1 a. 3 b. 7 c. 2 d. 8 e. 6 f. 1 g. 4 h. 5

2 1. el armario 2. el tenedor 3. el cartel 4. la pared 5. el alquiler 6. el cubierto 7. la servilleta
8. la vivienda

4 1. Falso 2. Cierto 3. Falso 4. Falso 5. Cierto 6. Falso

pronunciación

4 1. Doña Ximena vive en una casa de apartamentos en el extremo de la Ciudad de México. 2. Su apartamento está en el sexto piso. 3. Ella es extranjera. 4. Viene de Extremadura, España. 5. A Doña Ximena
le gusta ir de excursión y le fascina explorar lugares nuevos.

estructura

12.1 Estructura

1 1. que 2. quien 3. que 4. lo que 5. quien 6. que 7. Lo que 8. que 9. quien 10. lo que

2 1. b 2. a 3. a 4. b 5. a 6. b

4 **Pistas:** 1. El reloj que estaba roto 2. La taza que estaba sucia (estaba en el lavaplatos) 3. La almohada que
tenía dos pelos (pelirrojos) **Pregunta:** La tía Matilde se llevó las cucharas de la abuela porque necesitaba
dinero.

12.2 Estructura

1 1. No 2. Sí 3. Sí 4. No 5. Sí 6. Sí 7. No 8. No 9. No 10. Sí

5 a. 2 b. *blank* c. 5 d. *blank* e. 1 f. 3 g. 4

12.3 Estructura

1 1. tomemos 2. conduzcan 3. aprenda 4. arregles 5. se acuesten 6. sepas 7. almorcemos 8. se mude

4 1. c 2. b 3. a

12.4 Estructura

1 1. Sí 2. No 3. Sí 4. No 5. No 6. Sí

4 1. El Sr. Barriga quiere que los chicos le paguen el alquiler. 2. Le pide que les dé más tiempo. 3. Les
sugiere que pidan dinero a sus padres y que Juan Carlos encuentre otro trabajo pronto. 4. Los chicos
tienen (van a tener) que mudarse. 5. Al final, el Sr. Barriga insiste en que le paguen el alquiler mañana
por la mañana.

contextos

1 1. Lógico 2. Ilógico 3. Lógico 4. Ilógico 5. Lógico 6. Lógico

2 a. 4 b. 1 c. 5 d. 3 e. 6 f. 2

4 1. ecoturismo 2. selva 3. naturaleza 4. descubra 5. bosque tropical 6. plantas 7. pájaros 8. río 9. cielo
10. estrellas 11. mundo

pronunciación

4 1. Sonia Valenzuela es de Barranquilla, Colombia. 2. A ella le importa mucho la ecología. 3. Todos los
años ella viaja miles de millas para pedirle a la gente que no destruya la selva. 4. No importa que llueva o
haya sol, Sonia lleva su mensaje. 5. Le dice a la gente que la tierra es suya y que todos deben protegerla
para controlar la deforestación.

estructura

13.1 Estructura

1 1. a 2. b 3. b 4. a 5. a 6. b

4 1. Falso 2. Falso 3. Falso 4. Cierto 5. Cierto 6. Falso

13.2 Estructura

1 1. *Subjunctive* 2. *Subjunctive* 3. *Indicative* 4. *Indicative* 5. *Subjunctive* 6. *Subjunctive* 7. *Indicative*

3 1. b 2. a 3. b 4. a 5. b 6. c 7. a 8. c

13.3 Estructura

1 1. Lógico 2. Ilógico 3. Lógico 4. Ilógico 5. Ilógico 6. Lógico

2 a. 2 b. 1 c. 4 d. 3

3 1. *habitual action* 2. *future action* 3. *past action* 4. *future action* 5. *habitual action* 6. *past action*

13.4 Estructura

1 1. hecho 2. puesta 3. rotos 4. abierta 5. perdido 6. interesado 7. sorprendida 8. prohibidos

3 1. Falso 2. Falso 3. Falso 4. Falso 5. Falso 6. Falso

contextos

1 1. Lógico 2. Lógico 3. Ilógico 4. Lógico 5. Ilógico 6. Lógico 7. Lógico 8. Ilógico

2 1. Lavandería Rosa 2. Peluquería Violeta 3. Oficina de Correos 4. Banco Nacional 5. Joyería Andes
6. Librería Gallegos 7. Pastelería Simón 8. Zapatería Valencia

4 1. Buscan el correo. 2. Un cartero les da la dirección. 3. Deben doblar a la derecha. 4. Está a tres
cuadras del semáforo.

pronunciación

4 Bienvenidos a Venezuela. En un momento vamos a tomar el moderno metro a un centro comercial en
Sábana Grande. Mañana, vamos a conocer muchos monumentos magníficos y el lugar de nacimiento
de Simón Bolívar. El martes, viajamos a Mérida, una ciudad muy hermosa en las montañas. El miércoles,
navegamos en el mar cuarenta millas a la maravillosa isla Margarita.

estructura

14.1 Estructura

1 1. No 2. No 3. Sí 4. No 5. Sí 6. No

2 1. tenga 2. venda 3. vende 4. hagan

4 1. Claudia Morales 2. Alicia Duque 3. Rosalinda Guerrero 4. Gustavo Carrasquillo

14.2 Estructura

1 1. Sí 2. No 3. Sí 4. Sí 5. No 6. No

4 1. Falso 2. Cierto 3. Falso 4. Cierto 5. Falso 6. Falso

14.3 Estructura

1 1. ustedes 2. ella 3. yo 4. tú 5. nosotros 6. yo 7. ella 8. nosotros

3 1. Falso 2. Falso 3. Cierto 4. Cierto

Lab Manual

contextos

1 1. la droga 2. descafeinado 3. engordar 4. apurarse 5. la grasa 6. disfrutar

2 1. Cierto 2. Falso 3. Cierto 4. Cierto

3 **lunes:** 6:00 clase de ejercicios aeróbicos **martes:** correr con Sandra y Fernando **miércoles:** 6:00 clase de ejercicios aeróbicos **jueves:** correr con Sandra y Fernando **viernes:** 7:00 hacer gimnasia con el entrenador **sábado:** 6:00 clase de ejercicios aeróbicos **domingo:** correr con Sandra y Fernando

pronunciación

4 1. Anoche, Pancho y yo fuimos a ver una película. 2. Cuando volvíamos, chocamos con el coche de una señora de ochenta años. 3. Enseguida llegó la policía al lugar. 4. La señora estaba bien pero, por su edad, nos apuramos y llamamos a una ambulancia para ella. 5. Pancho sólo se lastimó la pierna y a mí me dolía la cabeza. 6. En la sala de emergencia en el hospital, nos dijeron que no teníamos ningún problema. 7. Por suerte, todo salió bien. 8. Bueno, Pancho se quedó sin coche por unos días, pero eso no es tan importante.

estructura

15.1 Estructura

1 1. conditional 2. future 3. future 4. imperfect 5. conditional 6. future 7. imperfect 8. conditional 9. imperfect 10. conditional

4 1. Falso 2. Cierto 3. Falso 4. Cierto 5. Cierto 6. Falso

15.2 Estructura

1 1. nosotros 2. él 3. yo 4. tú 5. ellos 6. él

4 1. b 2. a 3. a 4. c

15.3 Estructura

1 1. Ilógico 2. Ilógico 3. Lógico 4. Lógico 5. Ilógico 6. Lógico

3 **Conversación:** JORGE ¡Hola, chico! Ayer vi a Carmen y no me lo podía creer, me dijo que te **había visto** en el gimnasio. ¡Tú, que siempre **habías sido** tan sedentario! ¿Es cierto? RUBÉN Pues, sí. **Había aumentado** mucho de peso y me dolían las rodillas. Hacía dos años que el médico me **había dicho** que tenía que mantenerme en forma. Y finalmente, hace cuatro meses, decidí hacer gimnasia casi todos los días. JORGE Te felicito, amigo. Yo también **he empezado** hace un año a hacer gimnasia. ¿Qué días vas? Quizás nos podemos encontrar allí. RUBÉN **He ido** todos los días al salir del trabajo. ¿Y tú? ¿Vas con Carmen? JORGE Siempre **habíamos ido** juntos hasta que compré mi propio carro. Ahora voy cuando quiero. Pero la semana que viene voy a tratar de ir después del trabajo para verte por allí. **Preguntas:** 10. Es extraño porque (Rubén) siempre había sido (tan) sedentario. 11. El médico le había dicho (a Rubén) que tenía que mantenerse en forma. 12. Jorge no va al gimnasio con Carmen porque compró su propio carro./Jorge no va al gimnasio con Carmen porque ha comprado su propio carro.